日本が好きだから言わせてもらいます

グローバリストは日米の敵

ジェイソン・モーガン
Jason Morgan

公益財団法人
モラロジー道徳教育財団

まえがき

明確なルール、「グローバル・スタンダード」で全世界を一つに束ねるのだと唱える人たち。彼らは、各国、各組織の頂点に君臨し、極致とも言えるほどの権力を握りながら、我々人間を一つの型にはめ込み、一律な存在とし、地球を自らの意のままに操ろうと目論むグローバリストたちだ。

しかし我々は、彼らの力で束ねられなくても、もう既に一つになっている。なぜなら、それは我々が人間だからである。そこに明確なルールやグローバル・スタンダードなどは、必要ないのだ。人間が人間と対峙することを可能にするのは、「人間らしさ」そのものである。そして、それは人間同士の親睦と信頼、そして愛情によっておのずから育まれていくものである。この世に生まれた人間は、他の誰であれ友人になれ、誰とでも仲間づくりができるはずである。人間のグローバル・スタンダードは、人間性そのものなのだ。あなたと私が友達になるのに必要なのは、ただそれだけのはずである。

この意味で、グローバリストたちが「束ねたい」と画策しているのは、人間から見れば大きなお世話である。つまり、不必要な干渉である。もっとはっきり言えば、私は、グローバリストたちは、本当の人間同士の麗《うるわ》しい関係の維持は求めていないのだと思っている。人間と人間との「つながり」をブロックして、我々人間が永遠に宇宙を漂う量子であるかのように、人間らしさとそこから生まれる絆を、どうしても断ち切りたいというのが彼らの本音だろう。

もう一つ。

グローバリストが人間と人間との間で自然に湧いてくる「互敬」の精神を妨げようとして使用する手段は、人間をみな一つの型に当てはめることだ。人間に型は必要ない。人間の型は人間なのであり、これ以外の型はないのである。

そう、私は、人間は、まさにこの宇宙の中で一番、多様性に富んでいる存在であり、それ自体が我々の「互敬」のための秘密だと考えている。多種多様の人間がいるからこそ、お互いにナイス・フィットできるのである。例えば国籍が違っても、否、国籍が違うからこそ、人間同士の友情が芽生えるのだ。グローバリストが提唱する均一化された型は、やはり不要なのである。

私には、このように断言できる理由がある。

それは、何年にもわたって日本に住んだことで得ることができた、国籍、言語、思想、外見、そして生まれ育った背景が異なる人々と仲良くしてきた、という実体験があるからだ。遠い国アメリカからやってきた私が、さまざまな日本人と十二年以上にわたり仲良くすることができたのは、それこそ、日本人のおかげだと心から思っている。この本を通して、私の感謝の気持ちが表現できていることを願っている。

また、グローバリズム、つまり全世界をフラットに見ることにより、人間を上からの権力によって操作するのではなく、日本人のように、目の前の人間を尊敬し、愛し、許すことのすばらしさ。そして、グローバリストたちが、この日本人の真似さえできたなら、どの国でも、素晴らしい社会が築けるのだと伝えたいというのも、この本を執筆した理由である。

私の国アメリカは、現在いくつかの深刻な問題を抱いている。私は、それらの問題の解決策と、アメリカ社会全体の改善のためには、日本と親しく交わることにこそ見いだせるのだと考えるようになった。

政府のような権力を握っているレベルでは、日米同盟などをはじめとして日本とアメリ力の協調協力体制が強固になっている一方で、残念なことに国民同士の意思疎通はしにくくなっている気がする。それと同時に、米国では社会が崩れつつあり、国民として共有しているはずの道徳は退廃への道を突き進んでおり、人間同士がどのようにお互いを尊敬し、愛情を感じることができるのかを忘れてしまっているのだ。

私は、アメリカが日本の伝統文化や習慣などを見習えば、アメリカ社会が今よりも穏やかで暮らしやすいものになり、もっと人間らしく生きることができると確信している。同様に、もし全世界が、私が日本で経験してきた目の前の人間に対することからくる寛容、人間に対するリスペクト、文明の成熟とそれを維持していく匠の技などを模範とすることができるならば、グローバリズムという偽りの「仲良しごっこ」は、世界から駆逐されるはずだと期待している。

アメリカを含め、世の中はカオスに陥っており、闇を抱えた顔をした国々が台頭してきているが、日本の文明がこの乱れ切った世界に教えることは、実は日本人が想像する以上にたくさんあるのだ。日本人には、自国の文明を大切にし、世界の人々に人間らしさの取り戻し方を教えてくださるようお願いしたいと思う。

私の人生においての、これまでの日本及び日本人と生きてきた経験、日本人からいつも感じる心づかい、そして、私の母国と日本、そして世界に対する願いをこの一冊に込め、まとめあげることができたのではないかと思っている。ご一読いただき、忌憚のないご意見をいただければ幸いである。

令和五年二月吉日　千葉県柏市にて

ジェイソン・モーガン

— For NT & B

● もくじ ●

第2章　中絶問題とアメリカの闇の歴史――道徳観から見た日米関係

第3章　グローバリストに背を向けた新日米関係を創造しよう

装丁　レフ・デザイン工房　神田程史

第1章　言論の自由と醇風美俗

外国語でのコミュニケーション

当然のことながら、私はアメリカ人なので、英語が母国語である。だから、私は日本語を使用するときに、頻繁に間違うのだ。

例えば、「大会」と「解体」、「海蘊《もずく》」と「もうすぐ」、「女将《おかみ》」と「オオカミ」などの発音、「籠」という字と「龍」という漢字の取り違えなどなど、数えあげたらきりがない。時々妻と一緒にお邪魔する中華料理の「揚州商人《ようしゅうしょうにん》」という店があるが、私はこの店名を言おうとすると、どうしても「領収証人」になってしまい、いつも恥ずかしい思いをする。また、「おこなう」なのか「おかなう」なのかと迷うようなこともあり、未だに日本語を使いこなせているとは言いがたい。

だから、ときどき講演に招かれるが、私自身でさえ、自分が何を言うのか言ってしまうのか予測できないのに、私を招いてお話をする機会を与えてくださる皆さんは、本当に勇気があるなと思うのだ。

一方、このような私の日本語の言い間違いは、ある意味、避けては通れないものだとも言える。アメリカ生まれアメリカ育ちの私の耳は、自然と英語の波長に合わせてチューニングされているので、日本語を聞き取るのに難しさがともなうし、日本語を発音するのにもアメリカ・バージョンになりがちだ。こう考えてみると、他の言語であっても、人間が母国語以外の外国の言葉を使う時には、間違ってしまって当然ではないかと思うのだ。

ではなぜ、日本語が母国語でない外国人の私の日本語、皆さんに語りかけている私の不完全な日本語でも、私の言いたいことを理解していただけるのだろうか。その秘密は、皆さんの心の中にある。

普通の感覚を持つ人は、自分の母国語で外国人と話す時には、気持ちが自然に寛容モードに切り替わる傾向がある。「自分の目の前にいる外国人は、おそらくこう言いたいのだろう」という心のフィルターがはたらき、物理的に耳に聞こえてきた単語の意味だけではなく、相手が伝えようとしていると思われる内容を補いながら、言いたいことを理解しようと自然に努力するのだ。このようにして、言葉がまだ不自由な外国人とでもコミュニケーションが成り立つのだ。私たちは、自分の母国語を使う外国人と話すとき、無意識に寛容になる。ご存じのように、このようなコミュニケーションに必要なのは、受け取る側の一方的な心がけだけではなく、社交ダンスを踊る時のように、二人の調和が必要である。その意味で、ここで使用する「単語」は、さながら男女二人のダンサーが情熱的に踊る「タンゴ」になるのである。

私は日本で毎日このような寛容さを経験している。とりわけ日本人は、外国人との日本語でのやり取りに寛容だと思う。私が、時折出演させていただく番組の司会者や出演の方々は、私が「私バージョン」の日本語を話しても、その意味を理解して下さり、内容はきちんと伝わり、会話が成り立っている。これは謙遜して言っているのではなく、私が日本人の寛容さを知っているのは、私自身が自分の日本語がどのレベルにあるのかを痛感しているからだ。

例えば、それは私が出版社に送った原稿と、その後、実際に刊行された文章を比較した時に分かる。私のぎこちない日本語で書かれた原稿を受け入れ、その意味を汲み取り、読みやすい日本語に直した後に出版してくださるのは、編集者の方々に私の日本語を受け入れる寛容の心があるからだ。それは、テレビ番組の司会者や共演者の皆さんも同じだ。こう考えると、討論番組などに出演した時に、その場にいらっしゃる方々が、私の言っていることを理解してくださり、真剣に討論の輪に加えてくださることは、本当に信じがたいことのように感じるのだ。私の日本語に間違いや曖昧さがあるにもかかわらず、日本語できちんと会話が成り立ち、番組が進行するのは、私から見れば、その番組に関わっている人々と視聴者の皆さんの、私の言いたいことを〝理解したい、聞いてみたい〟という気持ちとともに起こる、奇跡以外の何ものでもないと思っている。

このような私の体験をほんの少しお話ししただけでも、日本に住んで日本語で生活をしている私が、どれだけ周囲の方々の心の広さに救われているのかが分かっていただけると思う。

私の意図するところを理解し、意味を補ったうえで、明瞭な日本語に直していただくことは、人間同士の「コミュニケーション」そのものである。つまり、これは、私を受け入れてくださる人々の寛容さが実り、コミュニケーションという果実となったものだと言える。周囲の人々のその心の広さに日々接している私は、限りないその心の存在だけでも奇跡のようだと感じている。

このような奇跡は、執筆する時だけではなく、会話する時にも同様に起こり得る。ちなみに、私が毎日、どれだけ妻の寛容な心に頼っているのかということは、読者の皆さんには、簡単に想像することができると思う。

しかし、残念なことに、相手の意を汲み取る努力を惜しまないその寛容性を、誰もが持っているわけではない。この章の主題は、「言論の自由」についてだが、言論の自由は、この寛容な心を持っているか、持っていないかに深く関わっている。一見、何の関わりもないようだが、寛容性のあるなしは、言論の自由を認めるかどうかを映し出す鏡でもあるのだ。

言論の自由と言論の不自由

私たちの多くは、母国語が異なる相手や、母国語は同じでも方言などで言葉の使い方が違う相手と意思の疎通を図る時には、相手の意をできるだけ汲もうとし、自然と寛容な態度になる。たくさんの方々が、このような経験を持っていると思う。

コロナ禍の前には、簡単に、いつでもどこへでも出かけて行くことが可能だったように、交通機関が非常に発達している現代では、世界各地を訪れる機会も多くあることから、母国語が違う人と話をした経験を持つ人は少なくないだろう。私は、違う言語を母国語とする相手と会話をしようとする気持ち、相手の意を汲もうとする寛容性は、実は素晴らしい特質で、その人の心の柔軟性をよく表していることに気づいてほしいと思っている。
一方で、言語が違うだけではなく、お互いの意見が異なる時、相手の主張に耳を貸さず、その主張の意味を考えてもみないどころか、相手の存在さえ無視する、もしくは相手に対して攻撃的な態度を取る、という人もいる。誰もが必ずそうするというわけではないが、特にここ数年、いや数十年、このような人々の存在が顕著になってきている気がする。

日本人やアメリカ人は、民主主義の国に住んでいると信じている。しかし、本当にそうだろうか。民主主義の定義が、「それぞれの意見を尊重して、異なる意見もきちんと聞き、違いを尊重しながら物事を判断する」ということであるとすれば、私たちは、すでに民主主義の国に住んでいるとは言えない。こんな風にハッキリ言うと、極端な結論に飛びついているように聞こえるかもしれないが、現実には、日本もアメリカも民主主義の定義から外れた国になってしまっている。なぜなら、両国では、違う考えを受け入れないという現象が実際に起きているからだ。相違する考え方の存在を否定することと、民主主義は矛盾していると言わざるを得ない。

現在の日本やアメリカでは、誰かの発言や主張の内容が気に入らなければ、それを拒絶するだけでなく、その人の言論、そして本人の存在までも否定することが容認されてしまっている。多くの人が、そのような事例を見聞きしたことがあるのではないだろうか。意見が合わないと判断した相手であれば、あたかも「危険なウイルス」のように扱い、その人との接触を断つための「ロックダウン」を宣言し、その主張や存在を「駆除」するのだ。

随分と大袈裟に言うな、と感じる方がいるかもしれない。「危険なウィルス」とか、「駆除」とか、「ロックダウン」などと、随分と物騒だな、意見の違う人だというだけで、本当にそんな対処をするとは、にわかには信じられない、と私の主張に疑問を呈する人もいるだろう。

確かに日本では、私が描写したような状況が起こるのは珍しいことかもしれない。その意味では、日本はアメリカと比較すれば、まだ良い方だと言える。日本には、人の話に耳を傾ける人がまだまだたくさん存在するからだ。同意する、しないは別として、自分と異なった考えを持つ相手でも、発言する権利はあると認めている人が大半だ。これは日本の誇るべき長所だと思う。では、この長所はどこに起因しているのだろうか。私は、それは日本特有の醇風美俗の気風にあると思っている。

私の「違い」への反応

私と日本との縁はすでに四半世紀に及んでいる。それだけ長い間、日本と関わってきた。初めて来日したのは一九九九年で、その後、何度も日本を訪れ、居住した経験も含めると、合計で十二年以上、日本に住んでいることになる。その結果、程度の差があるとはいえ、日本の常識が私の常識となってきた。すると、母国であるアメリカに一時帰国した時に、日本のやり方が当然だと思っている私が、アメリカ式に違和感を感じるようになった。簡単な例で言うと、運転席が左側にあって、車が右車線を走っているなんて、変だなぁ、運転しにくいなぁ、と思うことなどだ。

これは私のイギリスでの経験なのだが、私が二十二歳の時、生まれて初めて、日本式、つまり右ハンドルの車で、イギリスで左側通行した時のことを鮮明に覚えている。車の運転は簡単なことのはずなのに、とても奇妙で困難なことのように感じた。すべてが逆で、「間違った側の車線」を運転しているという感覚だった。左側走行を「間違っているぞ」

と感じたのだ。しかし、もちろん今では、この感覚は反対になった。アメリカでは、車が「間違った側の車線」を走っている。人間の感覚は変化するものなのだ。

このような感覚の変化は、車の運転だけに限るものではない。

例えば、私にとっては、お辞儀もその一つだ。最初に来日した二十一歳の時、誰かが電話で喋りながら、姿も見えない電話の相手にお辞儀をしている姿を初めて見た。私は、それをとても滑稽だと思った。ショート・コントのワンシーンのようだった。姿の見えない相手にお辞儀をするなど、漫才の題材にだってなり得るなと思ったものだ。しかし、今では私もこの「電話の相手へのお辞儀」をしている。たとえその人には見えずとも、自分自身が礼儀正しい態度でいるという、自分と相手に対しての一種のマナーなのだ。日本人になったとまでは思わないが、「郷に入っては郷に従え」ということわざがあるように、私は日本という郷に入り、日本という郷に従って、というより、その郷を学び、それを心地よく感じながら生活している。

醇風美俗

しかし、私がここで強調したいのは、日本の「郷」は、世界の他の「郷」とはかなり違うということである。なぜなら、日本の「郷」には、「醇風美俗」が存在するからだ。「醇風美俗」という言葉は、あまり馴染みのない言葉かもしれない。「古き良き日本の作法」「日本らしいマナー」のことを意味すると思う。もっと的確に定義すると、例えばブリタニカ国際大百科事典では次のような定義が記されている(1)。

人情に厚く美しい生活態度、風俗習慣をいう。特に家制度を前提とする日本の社会生活において、人々の守るべき規範、慣習の理念型として長く持続されてきたもので、明治以後の近代国家の指導者は、この観念を国民教育の指導理念の一つとして政治支配体系にまで導入していた。教育勅語は醇風美俗の徳目化の典型例である。もともと醇風美俗は、家の観念に集中し、家秩序維持を主眼としていたもので、具体的には、家族生活の精神的一体感や経済的一体感を維持するため、家族内における身分関係の厳守、家長の支配、祖先の観念などを内容としていた。こうした生活態度、行動様式は、家と家の間、近隣社会、ひいては国家に対する国民的一体感を養成するものとなった。第二次世界大戦後、天皇の人格化、家族制度の廃止により、この観念は相入れないものとして否定されたが、なお日本人の生活態度、行動体系のなかに残っているといえよう。また、現行民法に定める親族間の相互扶助義務、祖先祭祀の用具の承継を一般財産の相続から区別した例などは、醇風美俗論の残影であるともいえる。

二〇二〇年の初め、モラロジー道徳教育財団のお誘いにより福島県伊達市で講演をすることになった。ちょうど、新型コロナウイルスがニュースになり始めた頃で、この福島県までの出張が、その後約二年を経るまで、電車で遠出をした最後の機会となってしまった。これ以後は、感染状況がある程度落ち着くまで、私は、ほとんど職場のある千葉県内に留まり、電車やバスなどの公共交通機関を利用せず、自分の車で移動する生活を送った（二〇二一年に、車で岐阜県瑞浪《みずなみ》市のモラロジー道徳教育財団中日本生涯学習センターまでの往復の機会を与えってくださったのは幸運なことだった）。

しかし、コロナ禍の前に福島県での講演ができて本当によかったと思うのは、移動に制限がかかる直前に遠出ができたからではない。最大の理由は、生まれて初めて、福島県を訪れる機会に恵まれ、福島の方々にお会いすることができたということだ。福島は、自然豊かな美しい場所だ。人情も厚く、たくさんの人々が私を非常に丁寧に迎えてくださった。

その訪問の後すぐにやって来た、コロナ禍の厳しい時間の中、「人生」が再生するのを待ち望んでいる間には、この時、お会いした福島県の皆さんのお姿をよく思い出したものだ。

　このように、私が、福島県の人たちは礼儀正しかったとか、丁寧な対応をしてくださったと言うと、そんなのは上辺だけだよ、と思う人がいるかもしれない。しかし、私は福島県で出会った方々が、心を込めて私を歓迎してくださったことを知っている。皆さんは、心からの誠意を持って接してくださった。お会いしたのは初めての方々ばかりだったが、まるで久しぶりに帰郷して懐かしい人々に出会ったかのような感覚だったのだ。そして、「ようこそいらっしゃいました」とお客様として歓迎されたというよりも、「おかえり、また会えたね」と迎えられたように感じたのだ。

　実を言えば、このような体験は、福島県が初めてではない。日本では、何度も似たような経験をしたことがある。岐阜県でも群馬県でも愛知県でも、大分県でも東京都でも、そしてもちろん職を得ている千葉県でも。大袈裟に言っているのではなく、日本人の他者に対する温かさや思いやり（この言葉の英訳には頭を悩ませている）に感動したことはたびたびある。例えば、日本では、お店に入った時には「いらっしゃいませ」と店員さんが声をかけることだ。同じような状況で使う、この言葉が持つ感覚を表現できる言葉が英語には見つからない。「思いやり」と同じだ。そして、英語に翻訳できない言葉が日本語にはある、ということには大きな意味が隠されているといえる。

二〇年以上前のことだが、アメリカ人の友人が三重県の田舎に住んでいた。ある日、彼がお店に入ったところ、そのお店の従業員が大きな声で「カモン！」と彼に声をかけたと言うのだ。私には、この従業員の気持ちがよく分かる。「いらっしゃいませ」といういつもの言葉を英語にしてみようと工夫してみた結果、「カモン！」になったのだ。この従業員は、私の友人に英語で声をかけることによって、外国人を特別に歓迎するサービス精神を発揮したのである。「いらっしゃいませ」に一番近い英語は「welcome」だという人も多いと思う。しかし、英語が母国語の私が考えても、「いらっしゃいませ」という日本語の意味とその背後にある感覚が「welcome」に相当するかというと、やはり違う。言葉とそれを発した人の心が一致するのは、日本語の「いらっしゃいませ」だけなのだ。それでも、この店員さんが私の友人にかけた「カモン！」は、意味は違っているかもしれないが、彼の「いらっしゃいませ」の心をよく表していると思う。

ここで私は一つの告白をしなければならない。

それは、「私は、日本に来て初めて、人の気持ちを本当に考えた」ということだ。もちろんアメリカでも、相手の立場になって考えてみなさい、という意味の「Put yourself in his/her shoes.〈その人の靴を履いてみなさい〉」や、「Put yourself in my shoes.〈私の靴を履いてみてください〉」などの熟語がある。しかし、これらは、あくまで相手の心情を考えてみなさいということであり、決して、他人の気持ちを最優先にし、他人がどのように自分の言葉や行動を受け取るのかを考える、ということではない。だから、「自分以外の誰かを自分以上に大切に思うことが自分の軸となる生き方が存在する」ことに、日本に来て初めて気がついたのだ。自分の欲求やニーズではなく、まずは他人の気持ちを第一に考える。そして、それから自分の言動や行動を決める生き方だ。ここに日本人らしさ、日本文化の奥深さが存在していると思う。

このような日本を一言《ひとこと》で表せと言われたら、私は「心」だと即答するだろう。日本の国は日本人そのものであり、そして日本人の存在はその心にあるからだ。もちろん日本人の中にも、嫌だなと感じる人もいるし、ニュースを見れば恐ろしい事件を起こす人間も存在していることは知っている。そして日本は、ここで私が言うまでもなく、楽園ではないし、日本人のすべてが良い人だというわけでもない。しかし、私が思うのは、日本は人間同士が心を通じ合わせることのできる国であり、日本人は心を大切にしており、心を人生の核としている、「心の民族」だということだ。

そして、この日本人の「心」が、日本独自の醇風美俗の礎《いしずえ》なのである。電話をしながら、見えない相手に対してもお辞儀をする理由は、話している相手の心が、常に自分の心の「目の前」に存在しているからである。店員さんが大きな声で、「いらっしゃいませ」と入店してくるお客様を迎えて挨拶するのは、「この店に来てくださって本当にありがとうございます。どうぞ、ごゆっくりお食事を楽しんでください」もしくは、「店の商品には自信を持っております。どうぞお買い求めください」などの、食品や商品を提供して商売にする以上の気持ちが言葉の裏に存在し、それを挨拶とともに表しているからなのだ。

例えば私のような見ず知らずの者に対しても、千葉県から福島県まで出張に行くと、温かく出迎えてもてなすことは、日本人にとって、当然のことなのだ。素直な気持ちで相手を思いやり、人情に厚い風俗習慣を表す言葉である醇風美俗だが、これは日本の極めて美しい風儀を表す特別な言葉なのである。

現在の日本にも、醇風美俗が存在するのか、と疑う人は、工事現場へ行ってみてほしい。そこに立てかけてある、工事中であることを示す看板に、作業着を着て深々とお辞儀をしている「オジギビト」と呼ばれるおじさんのイラストが描かれているのを見かけるのは珍しいことではない（お辞儀するキャラクターには、「つくし坊や」という名前を持つものまであるそうだ）(2)。もしかしたら、あまりにも当たり前すぎて、おじさんの存在に気がついていないかもしれないが、おじさんは工事現場に存在している。おじさんがいるだけではなく、その横に、「工事中は、騒音やほこりなどでご迷惑をおかけします。安全には十分気をつけております。ご協力をお願い致します」などの近隣の人々へのメッセージが書かれていたりもする。また、日本の工事現場の周辺はいつも綺麗に清掃されている。作業服を着た人が水を撒いて道路を清掃しているのを見たこともあると思う。安全のためという理由もあるのだろうが、これも、自分たちの工事が原因で、誰かが少しでも嫌な思いをしないように、との配慮だ。

私は、アメリカの工事現場を見て、日本のような「丁寧さ」を感じたことは一度もない。アメリカの工事現場で働くおじさんたちは、自分たちの工事が原因で渋滞が起きていても、騒音で近隣の人の睡眠の妨げになっていても、周辺がホコリだらけになっていても、迷惑をかけている相手に対してお辞儀をしているところなど見たことがない。もちろん、工事現場の掃除は日本ほどマメにはしない。このように、日本とアメリカの工事現場の比較は、心が表面に現れて目に見えるので、分かりやすい例だと思う。日本では、工事現場で働くおじさんも、思いやりに溢れているのだ。

醇風美俗の存在は、日本の大型トラックを見ても分かる。まず気づくのは、清潔で綺麗に掃除が行き届いている、ということである。アメリカの大型トラックは、ほとんどホコリだらけで汚い。車体についているホコリに自分の名前をいたずら書きして走っている運転手もいるほどだ。そして、アメリカの大型トラックの泥除けなどの飾りには、「オレに近づくな」という言葉が書かれている。私は、〝分かりました。近づきません〟という気持ちになる。

その一方で、日本の大型トラックは、デコトラと呼ばれる車体に美しいイラストが描いてあるものや、可愛いアニメキャラや動物をモチーフにした優しい雰囲気の飾りがついているものをよく見かける。これは、自分のタフさを強調したいだけの大型トラックの運転手が大半のアメリカでは有り得ないことだ。このように、大型トラック文化一つを比較してみても、アメリカの自分が自分がというように自分を中心にする習慣と、日本の醇風美俗との違いが感じられる（車内でも土足厳禁を厳守している人もいる。自宅と同様に、愛車を綺麗に維持したいという気持ちの表れである）。

このように、日々の生活の中で、相手の心を大切にする、ということが自然に身についているからこそ、突然、コロナウイルスが襲ってきた時も、日本の社会は基本的には規律が保てたのだ。二〇一一年三月一一日に発生した、東日本大震災という未曾有の大災害が起こった時も、社会の秩序がほとんど崩れなかったことも代表的な例だといえる。非常に大きな災害が起こった時でも、日本社会はカオス状態に陥らなかったことが全世界でニュースになったと聞いている。大きな災害が発生した後でも秩序が保たれているのは、自分の心の中に、相手の心を受け入れ、自分のこととして感じることができるからなのだ。アメリカ社会との決定的な違いとなっていると思う。

キャンセル・カルチャー

西洋、特にアメリカでは、自分とは相容れないとなると、相手の発言のみならず、その人を職場や学校から追放したり、社会的に抹消したりすることは、決して稀なことではない。この現象は「キャンセル・カルチャー（cancel culture）」と呼ばれている。このような現象を表す新しい言葉ができたほど、アメリカでは「言論の自由」の権利を侵害し、意見が違えばその相手の存在を消去するということが繰り返し起きているのだ。

「キャンセル・カルチャー」は、ソーシャルメディアなどを利用して、社会の大半が不適切と判断する発言や行動をしたとされる人物の存在を拒否し取り消してしまう。つまり「キャンセルする」ことを意味している。過去の不祥事まで遡って、キャンセルされることもある。一度の些細な過ちも含め、不当な追及であろうとなかろうと、社会から責めを負わされ、それが「キャンセル」の原因となって、人生を大きく狂わされてしまうということも簡単に起きるのがこの恐ろしい現象だ。

そして、それが日常的に起きているのが現在のアメリカなのだ。ターゲットを決めて、アラを探り出し、もしくは拡大解釈し、「キャンセル」することも可能だ。そして、誰かを「キャンセル」することがアメリカの「文化（つまり「カルチャー」）」の一部になったこと、否、それがアメリカン・リベラルの「文化」そのものとなってしまったことを示しているのが「キャンセル・カルチャー」という言葉なのだ。

アメリカで、この「キャンセル」に巻き込まれた人は山のようにいる。

例えば、若手の保守系政治評論家で活動家でもある、キャンディス・オーウェンズさん（Candace Owens　一九八九～）もその一人だ。彼女は、トランプ前アメリカ大統領が二〇二四年の大統領選挙に再出馬する際には、彼の副大統領候補者として名前が挙がるのではないか、と噂されるほどの実力の持ち主である。正当なアメリカ保守派の立場にある人物で、愛国者だ。頭脳明晰で、情熱と論理のバランスが取れた人でもある。彼女の演説は力に満ち溢れていて、聴く人々の心を揺さぶる。つまり、彼女の存在そのものが人々の心を摑むのだ。

ところが、アメリカのメディアや大学など、左翼の巣窟である場所からの彼女に対する反応は、彼女が保守派だというだけで、憎しみにも似たものがある。自分たちは政治的な影響力を持ち、社会を指導する立場にあると信じている、彼ら「自称エリート」たちから、彼女は「persona non grata《ペルソナ・ノン・グラータ》」、つまり「好ましからざる人物」に指定されてしまっている。そう、つまり彼女は左翼から「キャンセル」されたのだ。オーウェンズさんが公演をすると左翼が大勢嫌がらせをしに来たり、オーウェンズさんがワシントンD.C.の飲食店に入って食事を取ろうとしたときも、左翼の群れが急に現われて彼女を店から追い出したりするのだ。左翼政治家や、かつては「メディア」と呼ばれていた左翼プロパガンダ機関などが彼女に対するヘイトを熱心に煽っている。典型的な「キャンセル」といえるのだ。

幸運にも、キャンセルされながらも彼女は生き残り、さらに力をつけているが、なぜ保守だと「キャンセル」されるのだろうか。理由は簡単だ。オーウェンズさんが主張していることが、リベラル派の「自称エリート」には気にくわないからだ。彼女は、左派政党である民主党をはじめ、アメリカのリベラル層を容赦なく批判し、彼らの偽善、独善、そして嘘を明確にし、それらを公に指摘し、彼らにとっての不都合な真実を語る。英語で言うところの、Goring the sacred cow（「聖なる牛に剣を刺す」）なのだ。オーウェンズさんはあえて、左翼が一番大切にしている神話、伝説などに狙いを定め刺す。論理と科学を使いこなし、左翼の矛盾を指摘して彼らの思想的な空虚さにスポットライトを当てる。つまり彼女は、左翼に対して、一番してはいけないことをあえて行い、言ってはいけないことをあえて口にするのだ。

先ほど言及したように、彼女が大学のキャンパスで講演を行うと、学生だけでなく教授たちも一緒になって、彼女を侮辱するような言葉で野次ったり、激しくブーイングしたりする。下院司法委員会の公聴会では、さらにひどいことが起きた。それは、二〇一九年四月に彼女がワシントンD.C.の国会議事堂において、白人至上主義に関する公聴会で正式な証言をするために出席した時のことだ。民主党のテッド・リュー（Ted Lieu）下院議員が、「彼女はヒトラーの民主主義は素晴らしいと過去に発言している」と証言した。彼は、自分の意図に合わせるように抽出したオーウェンズさんの発言の一部を提示し、この発言を誤って解釈したうえで、彼女を人種差別主義者であると責め立てたのだった。しかも、ヒトラーを絶賛するとんでもない人物かのようにアメリカ全土に向かって彼女を誹謗中傷した。オーウェンズさんがその場で見事に反論して、リュー下院議員がどれだけ不誠実な行動をとっているか明確に論破したのだが、このようにオーウェンズさんは、ほぼ毎日のように、「白人至上主義者」「人種差別主義者」などと呼ばれている。「ヒトラーの信奉者」とまで言われなければならないオーウェンズさんだが、彼女は、黒人なのだ。

信じがたいとは思うが、彼女の発言や行動がアメリカのリベラル派、「自称エリート」にとってあまりにも不都合だからこそ、ここ数年、彼らは彼女をアメリカ社会からキャンセルしてしまおうと躍起になっているのだ。彼らは、ありとあらゆる手段を使う。左派にとって、彼女は正統派保守という「邪教」を世の中に広めている宣教師のような存在なのだ。だから、まさに魔女狩りを行うかのように、彼女をアメリカ社会という村から追い出し、彼女に関わることすべてをキャンセルし、彼女を焼き滅ぼしてしまおうと躍起になっているのだ。人々に寛容であると常に自慢するアメリカのリベラル派は、彼女に対してだけは、心が急に狭くなってしまうようである。

アメリカは自由の国、正義を追求する国というイメージをお持ちの方も多いと思う。しかし、実際のアメリカは、もうそのような国ではなくなってしまった。アメリカに言論の自由はない（ここ数年は、ＦＢＩ（連邦捜査局）など連邦政府の機関も加わって、左翼の気に入らない人物を逮捕したり、キャンセルしたりしているほどだ）。少しでも気に入らない発言をすれば、すぐにキャンセルされる恐れがある。驚くべきことに、これが現在のアメリカの残酷な現実なのである。

ここで、もう一つ「キャンセル」が行われている例を挙げたいと思う。

それは、ハーバード大学ロースクールの教授であり、私の友人でもある、Ｊ・マーク・ラムザイヤー先生（J. Mark Ramseyer）に対することだ。

言うまでもなく、先生が教授を務めるハーバード大学ロースクールは世界で最高峰に位置する学校の一つである。先生自身は、アメリカの学界において、日本の法律、法制史、そして法と経済学などの分野の第一人者であり、特に日本における最高裁判所の判決の歴史についての権威だ。ラムザイヤー先生ほど日本の法律に詳しいアメリカ人は、この世にいないと言える。私の専門分野は、日本の法哲学と法制史で、アメリカの大学院で勉強していた頃には、先生のご著書はもちろん拝読し、参考にしていた研究書や学術論文の中にはいつもラムザイヤー先生のお名前が出てきたことを覚えている。先生は、生涯を通して、日本の法律を研究されている学者なのだ。

しかし、アメリカのリベラルや極左（ほぼ顔ぶれは重なっている）は、この学者を「キャンセル」しようとしている。

まずはここで、ラムザイヤー先生と私の個人的な思い出をお話しよう。

先生は、二〇一八年に旭日中綬章を受章された。私はその時、英語で日本関連のニュースを発信するJAPAN Forwardの管理編集者を務めており、先生に受賞についての取材をさせていただいた。それからは、時々だがメールでやりとりをし、ラムザイヤー先生が来日された時、ついに初めて先生とお会いしてお話しすることができた。二〇一九年の夏のことだ。東京で待ち合わせたのだが、その場所は、渋谷駅のハチ公の銅像の前だった。

アカデミックな世界に身を置く私にとって、ハーバード大学ロースクールの教授で、日本法の分野において光り輝く学者として、以前から憧れていたラムザイヤー先生は大きな存在である。その先生が、ハチ公の前でアメリカのどこにでもいる普通のおじさんとして、にこやかに私を待っていてくださった。先生はそのような人なのだ。謙虚で、親切で、物静かである一方、研究に対する情熱は人一倍強いラムザイヤー先生を、本物の紳士だと感じたものだ。人間として尊敬でき、心豊かな人なのである。

そのラムザイヤー先生が、「キャンセル・カルチャー」の大きな波に巻き込まれることになったきっかけは、先生の発表した学術論文であった。先生は、二〇二〇年の一二月、法経済学の学術ジャーナルである、「インターナショナル・レビュー・オブ・ロー・アンド・エコノミクス（International Review of Law and Economics）」のオンライン版に、『太平洋戦争における性サービスの契約』（*Contracting for Sex in the Pacific War*）という題名で、「慰安婦は自発的に契約して売春をしていた労働者である」という趣旨の八ページの短い論文を発表された。そして、その論文の概要をJAPAN Forwardに投稿してくださった。[3] 先生のこの記事は和訳され、『産経新聞』にも掲載された。[4]

その後、この論文の一部を、誰かが勝手に韓国語に翻訳して韓国で発信した。すると、韓国内でこの論文の話題が一気に炎上し、突然ラムザイヤー先生は、激しい非難にさらされるようになった。嫌がらせのメールはもちろん、中には殺害予告をするメールまでも先生の元に届き始め、一日に六〇通以上のヘイト・メールやメッセージを受け取る日々が始まったのだ。このような状況になった理由は、ラムザイヤー先生の学術論文が、慰安婦は契約に基づいた売春婦だった、という内容だったからだ。ラムザイヤー先生の主張は、アメリカや韓国の「メディア」や市井の人々のみならず、両国の学界の主流となっている見解と大きく異なっており、先生は学界からも激しい攻撃にさらされることになった。先生が学者としての見解を発表する言論の自由を認めない人々が大勢存在するということだ。韓国「メディア」に頻繁に出演する、アメリカで日本バッシング教授としてよく知られるある東海岸の大学の教授は、韓国人がすでに持っているヘイトの感情をさらに煽り、ラムザイヤー先生や彼の論文について真っ赤な嘘をばら撒いたほどだ。

しかし、先生にヘイト・メッセージを送るなどの嫌がらせや、当該論文の撤回を求めるように脅迫してきたのは、韓国人だけではないことを言っておかなければならない。アメリカの学者たちも、当然のようにこの論文の撤回を求めてきた。

カリフォルニア大学ロサンゼルス校でゲーム理論を教えている政治学者のマイケル・チェは、なぜか論文撤回を求める経済学者グループのまとめ役だ。賛同者の中には、二〇〇七年にノーベル経済学賞を受賞した、ハーバード大学教授のエリック・マスキンもいた。ハーバード大学からは他にも、日本近代史が専門のアンドルー・ゴードン教授や、朝鮮史が専門で東アジア言語文化学科のカーター・エッカート教授などが批判を展開した。他には、近代日本史と韓国史の専門家であるコネチカット大学のアレクシス・ダデン教授、日本での売春や女性の社会史を研究するノースウェスタン大学のエイミー・スタンリー教授も、ラムザイヤー先生を激しく非難した。アメリカの大学は大半が左翼的な教授で占められているから、そんなに驚くべきではないだろうが、このように主にアメリカ人の教授たちが、ラムザイヤー先生の学術論文と先生本人をキャンセルしようと働きかけたのだ。

先生も、前述（三〇ページ）のキャンディス・オーウェンズさんと全く同様に、青山学院大学に勤めるアメリカ人などに「白人至上主義者」と呼ばれるようになり、それと同時に最低最悪の部類の人間だという汚名が着せられた。たとえこれが濡れ衣であろうとも、キャンセル・カルチャーによって、先生の名誉が毀損されたことは間違いない。

ラムザイヤー先生の当該論文の撤回を強く要求する学者は、数千人にも及んでいる。[5] 日本史、東アジア史、法制史のみならず、経済学など、自分の専門分野から全くかけ離れている学者でも、論文の撤回を求めたのだ。ハーバード大学では、ロースクールに在籍する韓国人の在学生の会である韓人学生会（ＫＡＨＬＳ）、アジア太平洋系米国ロースクール学生会（ＡＰＡＬＡＳＡ）、中国系学生会（ＣＬＡ）、法律企業人プロジェクト（ＨＬＥＰ）理事会が、論文を批判する共同声明を出した。[6] また、ラムザイヤー先生の解雇まで求める動きもある。大韓民国の正しい姿を世界に発信するという謳い文句を持つＶＡＮＫ（Voluntary Agency Network of Korea）が、オンラインで署名を集めることのできるChange.orgに、先生の解雇と授業の検閲を求めるキャンペーンを立ち上げている。先生のようにキャンセル・カルチャーのターゲットにされると、このようなことが起きるのだ(7)。キャンセル・カルチャーがアメリカだけの現象ではなく、日本にも大きな影響を及ぼしている証拠として、ラムザイヤー先生の論文の内容を検証し確認したことで、早稲田大学の有馬哲夫教授も同様に糾弾され始めたことを付け加えておく(8)。

キャンセル・カルチャーと聞くと、この耳慣れない言葉に、私たちはこの「カルチャー」がここ最近始まったものだと考えがちだ。しかし、キャンセル・カルチャーは、長い歴史を持っている。例えば、大東亜戦争後に、ＧＨＱ（連合国軍事最高司令官総司令部）が日本で占領政策の一部として行ったウォー・ギルト・インフォメーション・プログラム（War Guilt Information Program　WGIP）も、キャンセル・カルチャーの一つの形である。文学評論家の江藤淳氏(9)（一九三二―一九九九）や、占領下の日本教育史が専門の高橋史朗氏（一九五〇―）が指摘しているように、これは、日本人をその歴史や長い間の習慣から切り離し、占領軍の都合の良いように再教育、つまり洗脳する計画であった(10)。

その目的は、「戦争の責任は日本にあるのだ」という罪悪感を日本人に植え付け、日本人が二度と自分たちに立ち向かってこないようにすることだった。戦後、アメリカの「自称エリート」たちは、日本の歴史と国柄そのものをキャンセルしたのだ。彼らは、自分たちに不都合な真実は隠し、真実を口にする人々を社会から抹殺することで、日本から言論の自由を奪ったのである。分かりやすい事例を挙げれば、GHQが「宣伝用刊行物没収」という名目で、「焚書」を行ったことが挙げられる。(11) また、新聞社に対して検閲を行ったため、発行停止になるのを恐れた各社は自己検閲をするようになっていった。(12) このように、西洋では、キャンセル・カルチャーは暗く長い歴史を持っているのである。

キャンセル・カルチャーをよく見てみると、その昔、ピューリタンが行っていた魔女狩りに似ていると思うであろう。魔女狩りは一種のモラル・パニックと言われている。自分の信じる正義に異論を唱える人を力ずくで排除するような傾向のある社会では、言論の自由の存在を無視する形で論争がエスカレートしやすく、その結果として、人々に一択を迫る傾向が強い。西洋社会でのこのような現象が起こる原因は、形而上学的な言い争いが多く発生するからだと思う。

形而上学とは、抽象的で、普遍的で、根本的なものを追求する学問であるから、白か黒かの議論に発展しやすく、極端な結論に結びつきやすいのだ。現実というブレーキがかけられていないことによって、問題や揉め事が無限に膨らむことが可能となり、紛争が非常に早いスピードでエスカレートしていく。原則として形而上学は、目に見えない世界や、手で触れることのできない存在を追究する学問を意味し、実際に五感で感じられる物や人間とかけ離れていることから、誤解が生じやすいうえに、抽象的な論理になってしまう傾向が強いのだ。

西洋の論争は、議論の対象についてだけでなく、それに付随した普遍的な原理原則などの超越的な次元を包括して進んでいくが、これこそが西洋的論争の進め方の大きな問題点なのだ。何か小さな問題に焦点を当てれば良い時でも、深く掘り下げすぎて、かつ大きく捉えすぎた状態で結論を出そうとする。英語の表現で言うと、「To make a mountain out of a molehill（モグラが掘り出した小さな丘を大きな山にする）」という比喩で考えることができる。小さなことを一気に大きなことにまで拡大させてしまうのだ。すると、意見の違う相手に対して寛容な態度を取ることが非常に難しくなる。その結果、相手の意見を完全な間違いと決定づけることとなり、言論封鎖など、言論の自由が被害を受けることになるのだ。

キャンセル・カルチャー――ピューリタン

先ほど魔女狩りについて触れたが、実は魔女狩りで有名なピューリタンがここに深く関わっている。ピューリタンはキャンセル・カルチャーのパイオニア（開拓者）である。彼らは、教会はより純粋に聖書に従うべきであり、イングランド国教会から離れたいと主張した。そして、同時に、カトリック教会も否定した。あえて言うなら、彼らは、神からの直接の支配を除いて、すべてから自由になりたかったのだ。神はこういうものだ、信仰はこうすべきだ、などと誰からも言われたくなかったのである。しかし、彼らの願いは巨大すぎたので、その実現は不可能なものであった。しかし、神から預かった「使命感」を持っている人は、やはり、怖い。このようなタイプの人は、いくら問題のある行動をしたとしても、「それは神から授かった使命だから」と正当化する。身近にいると、非常に面倒な人々である。

そこで面白いことが起こった。イングランド国教会のリーダーたちがピューリタンを止めようとした結果、彼らの一部は、言論の自由を論じるようになったのである。例えば、ジョン・ミルトン（一六〇八―一六七四）は、言論の自由を強調して、自分が言いたいことを言う権利がある、と強く主張した。しかし、同時にピューリタン側も、自分たちに敵対する人々、相容れない人々の言論について、魔女狩りを通して封殺したのである。

アメリカまでたどり着いたピューリタンの「信仰難民」は、「邪教」を唱える人がいると聞くと、自分たちの判断によってその「邪教の者」を村八分、または完全にピューリタンが住む村から追い出すケースが少なくなかった。

ロジャー・ウイリアムズ（Roger Williams 一六〇三―一六八三）は、牧師でありながら、一六三六年に同じピューリタンの仲間が支配するマサチューセッツ湾植民地から追い出された。しかしウイリアムズが創立し、後にロードアイランド植民地となる新しい集落に、アン・ハッチンソン（Anne Hutchinson 一五九一―一六四三）という女性が移ってきた。彼女も、それまで暮らしていた植民地から、支配者の意にそぐわないことを言ったために、そこから追放されたのだった。これが、ピューリタンの歴史の真実なのである。

このような問題は、実はどこにでもあり得る。それは結局、基準をどこに置くかという問題なのである。もし、人間の意志を基準とすれば、「言論の自由」の行使は、どちらの意志を強く押し通すかの競争になる。つまり、言論の自由を強く主張する人こそが、他人の言論の自由を認める可能性が低いという逆説的なパターンができてしまう場合がよくあるのである。

このように争いが長期化し、巨大化してしまった原因は、イデアであると言える。つまり、この世を超越して存在する永遠の普遍的価値であるイデアを巡って言い争った結果、お互いがお互いの理念はおろか、その存在自体を容赦なく否定する結果につながっていったのだ。そういう意味で、言論の自由の敵は、形而上学であるとも言える。目の前の人が視野から消えるということは、自動的にその人の言論の自由を奪うからである。

キャンセル・カルチャー――カント

言論の自由をはじめ、基準のない大きな問題を解決しようとした哲学者もいる。例えばプロイセンの哲学者で批判哲学を提唱した、イマヌエル・カント（Immanuel Kant 一七二四―一八〇四）を思い出してみよう。彼は、今、目の前で起きている問題についてどのように対応すべきかを考える時、その事例のみに当てはまる方法を見つけ出すのではなく、同じような問題が起きた時、「無条件に必ずこうすべきだ」という普遍的な方法を選択しなければならないと論じた。

この「無条件に必ずこうすべきだ」という命令形式を「定言命法」、または「無上命法」というが、つまりカントは、行動した結果得られる条件を考慮することなしに取る行動こそが、人間がなすべきことだというのだ。この「必ず！」には、キャンセル・カルチャーの根本思想が流れている。

前述したように、形而上学は目に見えない次元で、すべての思考がなされるので、融通が利かない。必ず、絶対、何が何でも、そうすべきなのだ。どのような手段を用いてもよく、結果、相手がどうなろうと、とにかく相手をキャンセルするのだ。

とりわけカントの哲学は、簡単に言えば、現在、目の前にある具体的な出来事や特定の人から抽象的な概念を抜粋して濃縮したものを抽出し、さらに煮詰めたところで、その煮詰めたものだけを判断の材料にするべきである、というものなのだ。これは、現世を否定する哲学であるといってよい。これでなぜ、形而上学的なアプローチが言論の自由の敵となっているかが分かっていただけたのではないだろうか。

ピューリタンの例でも分かるように、宗教的、形而上学的、抽象的な言い争いになった時、人間は自然に争いを止める方法を探ろうとする。しかし、そのための真理はどこにあるのか、嘘と真実をどうやって区別するのか、などという共通認識は存在しないどころか、共通の基準を決める手段さえも、もともと存在していないのだというラディカルな懐疑主義の考え方に陥ることになる。つまり、真相の普遍性を根本に否定することになり、すべての判断を保留するしかなくなるのだ。その結果、抽象的な概念に関しての争いの解決は、永遠に保留するのか、それとも戦争をするのかの選択になる。

この視点でヨーロッパの歴史を見てみよう。絶対化した争いの解決を武力に託された例がいくつもあるが、一六一八年から一六四八年まで続く三十年戦争がその代表的な一例だ。この戦争は、アメリカにおけるウイリアムズ牧師とマサチューセッツ湾植民地と、それから彼が創立した植民地とハッチンソンとの揉め事と同じく、宗教の解釈を巡って戦われた。つまり、相手が、宗教について、自分の気に入らないことを発言していることが問題だったのである。相手に言論の自由を与えたくないから、武器を取って戦ったのだ。お互いに言論の自由を尊重するどころか、剣の力で話し合いを強制的に中断させた結果が戦争であった。

しかし、剣は、ただの物体であるから、人の心をコントロールすることはできない。思考を物理的に消滅させるために人々を殺しても、その思考が永遠に消え去るとは限らないのも事実であり、戦争で言論の自由を奪おうとしても、問題解決にはならないことが、ここからも分かる。

そして、いつか必ず、武力を用いても絶対化した争いの解決にはならないことに気がつく時がくる。すると、「相手には相手の真実があり、こちらにはこちらの真実があって、この異なる真実の間に線を引き、それぞれが異なった真実を抱えているのだと認め合えば戦争にはならないはずだ」という言い訳をして、妥協する、ということが西洋ではごく普通に行われる。よく考えてみれば、お互いに相手の真実を拒否し合っているのだが、それは平和のためだから良いことなのだという理由で、このような妥協が許されるのだ[13]。ただ一つだけ存在するはずの真実は、個人の好みによって、その存在を変化させても良いかのように扱われるのである。

しかし、この妥協の代償は、社会が真実のうえに成り立つのではなく、権力によって取り締まられてしまうということだ。基準、つまり真実がなければ、社会が基本的なレベルで総崩れする。その場合、権力以外の何が社会の崩壊を防げるだろうか。一度、真実が存在しないかの如く振る舞えば、それは全体主義への道に歩み出したに等しいことなのだ。武力で解決しない問題を、妥協を持ち出すことによって解決したように見せかけても、その実は、権力という違った形の力に社会を明け渡すだけなのだ。「真実は武力や権力よりはるかに強し」だが、このように真実を妥協という真綿で締め付けてしまうと、残っているものはやはり権力という名の力でしかないのである。言論の自由を守るには、妥協という真綿でくるむやり方は通用しないのだ。

この証拠として、現在アメリカで起きていることを見てほしい。なぜツイッター社が、ある人の発言を取り消し、その人の存在をキャンセルする一方で、他の人の発言を推奨し拡散する手助けをするような、事実上の言論の審判員になっているのだろうか。それは、真実はどうであろうと、ツイッター社は「大勢が信じている真実」が真実になってしまうことを明確に知っているからだ。それゆえ、ツイッター社は自社の好む真実を大勢に信じ込ませ、言論をコントロールしようとしているのだ。

二〇二二年に、イーロン・マスク氏が買収した後のツイッター社が、どこまで過去の所業を明らかにし、情報操作から手を引くことができるのか、全世界が注目している。

ホッブズと言論統制

このような話を聞いていると、イギリスの政治哲学者トマス・ホッブズ（Thomas Hobbes 一五八八―一六七九）の顔が浮かんでくることであろう。一六五一年に国家理論について『リヴァイアサン』に著した人だ。

ホッブズは、人間にとっての自然な状態とは闘争がある状態であると言う[14]。そして、人間が欲と自我がぶつかることにより起こるリスクによって共倒れになるのを防ぐ目的で、国家があるというのが彼の主張だ。人は個人個人が小さな君主で、このミニチュア・スケールの王は絶対なる権利を帯びていて、一人一人が絶対的に正しいのだ。しかし、誰がミニ絶対王政の王なのだから、他のミニ王たちと協力し物事を進めていくはずはない。たとえミニサイズだとしても、それぞれが絶対王政の王なのだから、自分の意見を曲げるはずがないのだ。自分の主張が絶対的な真実で、それに賛同しない者は絶対的に間違っているのだ。その結果、争いが起きることになる。

このようなミニ王が集団で存在する状態から、大きな力を持った王が現れる。このような時には暴力の原理、一九一七年のロシアに起きた十月革命のような血まみれの出来事がしばしば起きる。しかし、十月革命に見るように、暴力によってもたらされた王とはいえ、人々は大きな力を持つ君主が現れたことによって恩恵も受ける。絶え間なく続いた、ミニ王同士が互いを叩き潰そうと争ってきた戦いがこれで収束する。すると、大きな力を持つ君主が重しとなり、ミニ王は小競り合いができなくなるのだ。この状態に、言論の自由はないが、戦乱の無い、一応の平和は訪れるのである。

例えば、現在の中華人民共和国がまさに、この通りの状況である。革命の後に、国家は巨大な力を持ったリーダーの元に統一され、言論の自由はなく、他国を奪い取ってはいても、自国の中には一応の平和が保たれている。そして、全体主義者は、絶対を求めるのだ。「ゼロ・コロナ」という、物理的に無理に決まっている政策を無理やりにでも通そうとした現在の中国の独裁者は、見事なピューリタンでもある。カントがこの中国の独裁者を見たら、感動して涙を流すことだろう。無条件！　必ず！　絶対！　例えば目の前の人々が街に出てデモをしたとしても、概念がすべてなのだから、そういった人々を皆殺しにするしかない。ピューリタンの人々も傍から見ていたら、感動するに違いない。言うことを聞かない人は、絶対に不要なのだ。

このような状態だと、一応の平和を保った社会の中には、ある程度の秩序があることが分かる。しかし、今度はミニ王乱立の時代と同じような問題が起こるのだ。「大きな力を持つ君主は常に正しく、この君主に賛成しない人間は必ず間違っている」というのが前提の社会では、まともなコミュニケーションが成り立つことはない。絶対君主が、他人の話に耳を傾けるはずはないからだ。

ここで、昔の正統的なリベラル派が登場することになる。それは、ホッブズが言うところの、「誰もがみなミニ王だと認めつつ、それぞれが小さいスケールで権利を持つことを認める方が、社会全体では知識が増えるはずで、それが社会の力になる」という考えを支持する人々だ。巨大な力を持つ君主は、力強いかもしれないが、たった一人の持っている知識には限界があるからだ。一人の人間には、答えを見つけることのできない問題がたくさんがあり、これは誰も否定できない。だから、たとえ君主であろうと、違う人の意見を知りたくなるのだ。自分がそれに賛同するかどうかは別にして、まず誰か他の人の見解を聞いてみたいと思う。すると、また一人一人が違う真実を持っている、という状態に戻ってしまうことになる。そして、また元の場所に戻ることになるのだが、誰もの真実が正しく、その真実が完璧であるはずはない。一人一人の持っている知識は破片の状態なのだから。

この問題に取り組んだのが、前出（四三ページ）のイギリスの政治哲学者ジョン・ミルトンだ。[15] 皮肉なことに、ミルトンが自分の論文につけた題名、『言論・出版の自由アレオパジティカ』は、アテネの有名な丘と、そこで行われた裁判や議論、つまりアレオパゴス会議のことを指す。なぜ皮肉かというと、聖パウロが同じアレオパゴスで、ギリシャ人が「知らぬ神」を崇拝していることを批判して、その「知らぬ神」は本当は聖パウロにとっての神、つまりディウスであると主張したからだ。ミルトンは、議論からなんとか真実が出てくると思っていたようだが、聖パウロは、真実は神様そのものだ、と主張したのである。自分がキリスト教徒であると主張しているミルトンは、真実を曖昧にして言論の自由を主張することに、大きな矛盾を感じていたのではないだろうか。

ミルトンの思想の延長線上にあるものとして、ジョン・スチュアート・ミル（John Stuart Mill 一八〇六―一八七三）の思想を挙げることができる。ミルは、「みんなの話を聞けばいい事だ」と言う[16]。彼はそのリベラルな思考から、言論の自由を高く評価したいという立場だ。ミルの考えは、「個人の自由な行動を阻害する法律などの障害物を取り除くのが政府の役割である」と概略的に描写することができる。

しかし、ミルは、一八五七年～五八年のインド大反乱のことについて、インド人の言論の自由を認めず、彼らに対して暴力を持って対処すべきだと主張した。もし、事実が存在しないと思っているのであれば、いざとなれば、暴力を振るうしかないのだ。ミルのインド大反乱への反応は、その「事実」をよく表しているといってよい。

フランス人哲学者ジャック・デリダ（Jacques Derrida 一九三〇―二〇〇四）が言った通り、「他者の中へ入り込む事、他者を他者として話す事、これらは必要な事ですが、これらの必要性そのものが暴力である(17)」。

もし心が寛容でない場合、もし自分と他者が永遠に相容れない状態にいるのであれば、相手を知ることがまさに暴力の根源となり、相手が言うことが気に入らない場合、その相手を暴力で抑えるしかないとなってしまう。

結局、ミルトンも、ミルも、真実という問題を、政治問題として扱っていたと言える。つまり、暴力問題として扱っていたのだ。彼らのここがダメだと私は言いたい。言論の自由は、政治問題ではないからである。

この数百年の西洋社会を見てみると、彼らが、我々人間とはいったいどのような存在なのかを、全く理解していない事が一番の問題になっているのがよく分かる。つまり、「人間は何者か、人間とは何か」を誤解しているのである。ホッブズをはじめリベラル派の人々は、人間の存在自体が暴力的であり、闘争は常に存在するという考え方を持っていることは明らかだ。もし、そのことが真実であるとするなら、自分ではない誰かと常に対立している人間は、他者とともに共同体を築くことなど無理に決まっているということになる。しかし、本当の言論の自由というものは、人々がお互いを受け入れながらつくり上げていく共同体の中にこそ根ざしているものなのだ。このような視点で見てみると、言論の自由は、政治形態の問題や、主義主張の違いではなく、心の問題だということが分かる。

ところで、西洋では、温かい心を忘れているようだということも記しておきたい。例えば一九世紀のイギリスの詩人、アルフレッド・テニスン（Alfred, Lord Tennyson 一八〇九—一八九二）の『イン・メモリアム』（"In Memoriam"）と言う詩の中には、「自然が牙と爪を血に染めていても（Tho' Nature, red in tooth and claw）」という一節がある。つまり彼は、「自然は弱肉強食の世界で、血が流れるのは当然だ」と言っている。自然は邪悪なもので、暴力や殺し合いが世の本質だというのだ。[18]

『種の起源』（一八五九年）を発表した、テニスンと同時代のイギリスの自然科学者チャールズ・ダーウィン（Charles Darwin 一八〇九—一八八二）も、「生物の進化のメカニズムは暴力的で、自然淘汰、自然選択によって起きている。生物の進化は、生物が存在し続けるために争い、それが命を次世代につなぐ努力になり、この過程を繰り返すことによって起きるのであり、もし常に戦っている生き物がさらに強くなっていかないのであれば絶滅する」というのだ。まさに弱肉強食の世界である。

西洋社会では、生命は「やるかやられるか」（Dog eat dog）の戦いを繰り返していると理解している。そして、人間のことを振り返って見てみれば、古代ローマの喜劇作家プラウトゥス（紀元前二五四年頃―一八四年）が言うように、「人間は（別の）人間を脅かす、狼（Homo homini lupus）」なのだ。

これは都市伝説なのかもしれないが、西洋で手を振ってハローと挨拶をするのは、「ほら、見てください。私は武器を持っていませんよ、手が空ですよ」と相手を安心させるための習慣からきている、という説がある。

また、人間が涙を流す本当の意味は、目が涙で滲んでしまって視界が悪くなることで自分の立場を弱くし、それによってある程度相手に譲っているという意味があるとも言われている。他にも、涙には謝罪の意味があったり、悲しみや喜びに溢れているところを見せて、相手に自分の心は純粋であると信じさせたい、または、自分の弱っている状態に一体感を持って欲しいということを表していたりするという推論もある。

手を振ったり、涙がこぼれたりすることへのこのような仮説の前提になっているのは、相手が敵だということだ。他人は常に暴力を好み、世界では戦争が尽きることはない、という想定をしているのである。そのような前提であれば、ここで最も望まれるのは、最低でも停戦状態ということになる。

もし、本当に人間の一生が戦いの繰り返しなのであれば、このような説は、説得力がないとも言えない。人生が戦いだというのであれば、挨拶さえも戦争の文脈で解釈した方が分かりやすいからだ。これを念頭に見てみると、現在、アメリカで広く繰り広げられている、人のあらを探し、何か過ちを犯すチャンスを窺い、罠を張って言葉狩りをし、誰かの存在をキャンセルする「キャンセル・カルチャー」の存在は、言葉という分野でも、人は戦いを繰り返しているということを意味する。「キャンセル・カルチャー」は、敵と認定した相手を社会から抹殺することが目的なのだ。その武器として、誰かが発した言葉が使用されることも多い。現在では、多くの人々の日々の生活の一部になっている、ツイッターやフェイスブックなどの「ソーシャルメディア」は、そもそもその「ソーシャル」という名前も皮肉なもので、ソーシャルに人々を結びつけるどころか、攻撃のツールになっている理由がここでよく理解できるのではないだろうか。

ここで、もう一つ述べておきたいポイントが「フェイスブック」という言葉に含まれている。フェイスブックそのものではなく、フェイス、つまり人間の顔のことだ。顔はどれだけ重要なのかということを、ここで考えたいと思う。なぜなら、言論の自由は、顔と深い結びつきを持っているからだ。[19] 言葉を考える時には顔が鍵で、そこから心につながっていく。

エマニュエル・レヴィナス（Emmanuel Levinas 一九〇六―一九九五）は、二〇世紀を代表するフランスの哲学者である。彼はさまざまな哲学の概念を展開していたが、私が最近一番注目しているのは、顔と倫理との関係を考察するものだ。これは、彼の概念の中で最も有名なものの一つで、重要な意味を持つものである。レヴィナスは、ユダヤ人で、ロシア帝国（現リトアニア）の出身である。第二次世界大戦中も、ヨーロッパで過ごした彼は、ホロコーストにより家族を失っている。人が、他者の人間性を認めないこと、人が他者を人間として否定することが、どのような結果をもたらすのかを、彼はよく分かっていた。ホロコーストの犠牲になるのを免れた彼は、いかに人の死が無残なものであろうとも、そのようなことなどまるでなかったかのように存在し続ける「世界」を恐怖し、人間が人間を非人間扱いする悪夢を、どうやって防ぐことができるのかという問いへの答えを探し求めたのだ。

彼が思いついたのは、顔（visage）のことだ。

人は誰かの顔を見ると、相手が人間だということを否定するのが困難になる。「倫理の鍵は、顔だ」とレヴィナスは言っている。[20] ホッブズ、ミルトン、ミルとは全く違う概念だ。レヴィナスは、理論ではなくて、人間を見ろと言っているのだ。人の顔、つまり、まずはその人らしさを見るのだ。[21] これを、言論の自由の議論に結びつけるならば、一人の人間と認識することで、言論の自由を尊重する気持ちは自然に湧いてくるはずだ、と私は思う。私は、レヴィナスの「顔」の議論に同意する。最初に相手の顔を見て、まず相手が人間だと認めなければ、そこから先には何の発展もないからである。

二年以上前から、世界中が目に見えない新型コロナウイルスに振り回されている。このウイルスに関連して、多くの尊い命が奪われた。そして、我々の人間らしさも、奪われたのだ。現在も、日本ではマスクの着用が日々の習慣として定着している。マスクを着用することが命を守ることに貢献しているのであれば、それは非常に重要なことであって、私はマスクの大切さを否定する気はない。しかし、マスクをするのはウイルスへの対策だと分かっていても、やはり人々の顔が見えなくなってしまっているのは非常に寂しいと感じる。[22]

そして、お互いの顔が見えないことは、人間関係、ひいては言論の自由の否定につながっていくのではないかと心配しているのである。そのうえ、最近登場した、メタバース（Metaverse）というインターネット上に存在する三次元の仮想空間などの存在も、人間が他の人の実際の顔を見る機会を減らしてしまっているのではないかと気になっている。

もちろん、私は、おじさんになりつつある自分の顔が、マスクをしているために人からは見えにくいため、道行く人が、「あぁ、残念」と思っているはずがないことは知っている。

しかし、正直に言えば、私は、通り過ぎる普通のおじさんの顔が、普通に見たいのだ。なぜそんなに見たいのか、自分でも不思議だ。というのも、以前は人の顔を見たくない時期が自分にもあったからだ。

私にも、日本で電車通勤をしていた時期がある。その頃は、平日は毎日、朝と夜、一日に二回、判で押したように電車を待って、電車に乗って、電車から降りて、駅の人混みを柔らかな葉の茂る牧草地を歩くように静かにかき分けて、行き交う人々とは視線を合わせるのを避け、人の顔を見ても見なかったふりをして、他人の存在をできるだけ希薄なものにしようとしていた。

　朝の通勤電車の中に一気にたくさんの人たちが乗車して来て、ぎゅうぎゅう詰めになることもしょっちゅうであった。缶詰の中のイワシのように、人間同士が重なり合って車両の中に詰め込まれ、選択の余地もないまま、目の前の人の顔を至近距離で見なければいけない状態が日々続いた。そうするうちに、私は、他人の顔を見たくなくなり、顔がもっと少なければ助かる、なぜ世の中にこんなに人間がいるのか、と心の中で人々の存在を否定したいと思ったことがある。今思えば恥ずかしいことだが、当時は真剣にそう思っていた。

　他の国と比較すると、日本の電車の中は静かだ。喋っている人は時々いるが、通勤での利用者は、一所懸命に沈黙を保っているようだ。それでも、マスクなしで顔さえ見えれば良いのだが、今は目元以外は見えておらず、車内ではますます人々の距離が離れていくような錯覚を覚える。

　マスクで人の顔が見えにくくなった今、みんな、どんな顔をしているのかが気になる。気になって仕方ないなと思う時もある。マスクで顔が見えにくいだけではなく、私たちが外出先で自分だけの世界に入り込むのが簡単になっているのには他にも理由がある。歩行中でも、多くの人がイヤホンをして、音楽や学習プログラムや講演などを聞いているということである。彼らは、完全に自分の世界に入り込んでいる。自分を外界から遮断してしまっているかのようだ。このようにして、マスクやイヤホンのせいで、すぐ側にいたとしてもまるで存在していないような人が多くなってきている。世界から、自分以外の他人の存在が消えつつあるといってよい。

ほとんどの場所でマスクを着用することに慣れ、それが当たり前になってしまった今、このままでは孤独が増すばかりではないか、という漠然とした寂しさが私にはあるのだが、日本人は、感じていないのだろうか。谷崎潤一郎が「懶惰《らんだ》の説」で描くように、西洋人は口元、とりわけ歯にこだわっており、私もその一人として、マスクで隠された口元を見たいのだろうか。しかし、他人の顔をよく見ることができなくなってから数年を経た現在、日本でも、自分が人間らしいつながりや、人間らしさそのものを徐々に失いつつあるのではないかと懸念している人はいないのか、と思ったりしている。

こんな風に、私が人々の顔が見たいと切に願うのは、人間について考える大きなヒントを与えてくれると考えている。顔が見たいと思うのは、人間の存在のすべてを認めたいと渇望していることの表れなのではないか、と思うからだ。人の声、人の言葉よりも、人の顔こそが、その人らしさを表現しているからなのだ。

さて、ここで言論の自由の話が再び登場することになる。

その接点は、人間である。言論の自由が重要な理由は、人を大切にしていることにつながっているからだ。私は、ホッブズが言うような、常に闘争状態にある人々で溢れている社会には住みたくはない。日本のような、人を思いやる社会に住みたいと思っているし、実際に住んでいる。みんなが絶対王政の王様で自分の真実を勝手に決めて争い、武力によって取り締まられている社会ではなく、誰もが他人を尊重し、行儀の良さが尊重され、醇風美俗、丁寧に挨拶を交わしあうような、人々が個性を殺すことなく、ともに存在しながらも一つの秩序ができている社会に住みたいのだ。私にとっては、それが日本という国である。

考えてみると、こんな風に、人の顔が見たいと願っている私は、アメリカ人であるにもかかわらず、日本人のように考えているな、と自分でも思う。なぜなら、日本には、自分以外の人を認め、尊重する文化があるからだ。日本にキャンセル・カルチャーがあったとしても、欧米とは極めて異質なものであると思う。

だが、そんな日本もキャンセル・カルチャーから完全にかけ離れた場所であるとは言えないことも現実である。二〇一七年に、一橋大学で催されるはずであった作家の百田尚樹さんの講演会が急に中止となったことも、輸入され、日本でも広がるキャンセル・カルチャーそのものだ。[23] 二〇二〇年、若くして二二歳で自分の命を終わらせた木村花さんは、ひどいキャンセル・カルチャーの犠牲者となったと言えると思う。[24]

日本は、おもてなしの国。他者を受け入れる国なのだ。自分以外の人間を大切に思い、特に外から来た人々を異質なものとして排除しようとしたり、攻撃したり、日本の常識から外れた「変な人」として扱ったりしない国だと思う。

西洋の文化圏では、例えば聖書にも、ギリシャ・ローマ神話にも、文学にも、他所《よそ》から来た者は異質なもの、馴染まないものとして敬遠される存在だ。しかしその一方で、他者を親切に迎えることもあり、それらの態度は一見矛盾しているように見える。これは、自分に関わる他人が、もしかしたら人間ではなく、神や天使、または人間のふりをしている悪魔であるかもしれない、という意識から来ている。「とにかくこの目の前の他人に、我々ができる限りの最高の接待をしよう。この人を王様のように扱おう。そうしなければ、この他界から来た人が我々に怒り、復讐をしかねないじゃないか。それでは我々が困る。だから、この他人に後で一切文句を言わせないためにも、丁寧に対処しよう」という考えに基づいた歓待なのだ。

西洋では、自分の身を守るために、他人を遠ざけ、自分の身を守るために、他人を厚遇するのだ。とどのつまり、中心にあるのは、いつでも自分である。

日本では、ほとんどこれとは正反対の動機で他人を受け入れる。もちろん、この人は誰なのか、遠路はるばる来たこの人はいったいどのような人なのか、ということは当然気にする。知らない人に対する興味があるということもあるし、遠慮があったり、余計な気使いをして、特別に親切にしているということもあるだろう。

しかし、日本人は根本的に、誰でも一人の人間だと認めている。そして、自分の利益のためではなく、相手の気持ちを思いやって接する。全く縁もゆかりもない、旅の途中で病に倒れた僧侶のために、墓を建てて代々供養を引継ぐ家族もあると日本の友人に言われたことがある。ご存知だと思うが、靖國神社で祀られている英霊は、日本人だけではないのだ。というか、人間だけでもないのだ。鳩、馬、犬なども忘れられることなくきちんと祀られている。沖縄の「平和の礎《いしじ》」もそうだ[25]。戦争の時には、日本の領土に墜落したB-29爆弾機の戦死した乗務員は、敵であっても一般の日本人によって丁寧に埋葬されている[26]。そのような場所は、三十三か所あるそうだ[27]。軍が敵の軍人を礼を以って埋葬した例は日本以外にもあるが、市井の人々が敵のためにも墓を造るのは、「醇風美俗」の精神が一般の日本人の中に生きていた証左ではないかと思う。

私は、大学時代の友人を訪ねて、初めて来日した一九九九年から、幾度もこのことを自分自身で経験している。これは、「ただ白人だからそう扱われている」からではないことは強調しておきたい。まず私は、自分がさまざまな人種のいのちを受け継いだ人間で、白人ではないと思っているからである。それ以上に、日本人が人種差別を拒否する国だということは大昔から知られている。例えば、織田信長には弥助という、黒い肌をした家来がいたことが有名である。

戦前、アメリカ人哲学者のW．E．B．デュボイス（W.E.B. DuBois　一八六八―一九六三）は来日した際に、黒人である自分が差別を受けなかったことを高く評価していた。また、忘れてならないのが、大東亜戦争の一つの大きな目的は、アジア人を白人至上主義に基づいた植民地制度から解放することにあったことである。後にミシシッピー大学の人種差別ポリシーの削除に取り組むことになるアメリカ人ジェームズ・メレディスは、軍人として戦後の日本に滞在したが、「人生で初めて日本において人間として平等に受け入れられた」と発言しているのである。日本は、人種差別をする国ではないのだ。

このように、外国人も歓迎する日本は、今も理想的な姿を世界に見せている。例えば、私が日本語をほとんど話せなかった時代のことだ。当然、相手には、私が何を言っているのか、何が言いたいのがよく分からないことがよくあった。そんなとき、日本人は、私の話すよく分からない日本語に問題を見出すことよりも、私の存在を認めてくれ、話したいことを理解しようとしてくれていると、強く感じた事が何度もある。それは、たとえ場所や相手が違っていても、同じであった。

言葉でうまくコミュニケーションが取れない時には、聞こえてくる単語ではなく、声のトーン、その人が話している時の表情、英語で言うところの「魂への窓」（つまり、「目は心の窓」）である目から受ける印象が相手を理解するには大切なことだと分かっているのである。だから、言葉だけではなく、その人全体を理解しようとすることで、その人となりを知ることができる、という考えが前提にあるのだろうと推察できる。

もしかすると、日本人には、長い説明は必要ないのかもしれない。行間を読む、というのだろう。俳句や短歌でさえも詩の形式としては短いし、茶道をはじめ、生け花、能、楽焼も、目で見えるものは非常にシンプルだ。言葉は全くないか、極めて少ないからこそ、奥行きが生まれる。お茶を点《た》てる仕草、生け花の枝一本の扱い方、能面の微妙な傾き、茶碗のヒビ一つ、それらが静寂の中に響き渡る雷鳴のように人々の心を揺さぶり、自らの存在を語りかけてくる。そのように感じた経験が、私にも何度もある(28)。

このような、人間の魂が対峙する静粛の中で、言論の自由は自然に、そして永遠に湧き出てくるのだ。

日本には、他人でも人間と捉えて接することが普通だという風潮がある。だから、自然に言論の自由が十分に保障される結果になっていると思う。戦前戦中の日本では、言論の自由が制限されたことも事実だ。しかし、それは日本が戦争に直面し、危機に瀕していた一時のことであり、永遠に続く状態ではなかったといえる。それよりも、ＧＨＱ占領下の日本での言論統制を忘れてはならない。

私の祖国アメリカは、たくさんの違った文化背景を持つ移民から成り立っているはずの国だが、気に入らない相手は社会的に抹殺するキャンセル・カルチャーを生み出した。それは、たくさんの文化が混在しているからではなく、逆に、リベラル、つまりピューリタンという非常に悪質で奇妙な存在が、相手を一切受け入れることができない文化をアメリカに持ち込んでいるからである。他人を歓迎して受け入れ、一人一人の違った個性をそのまま受け止める勇気と寛容さに溢れるこの日本を知り、私は初めて言論の自由の意味を肌で感じたと言える。

もちろん、「同調圧力」という言葉も耳にしたことがあるが、それはマジョリティー（多数派）の意見に同意する圧力というよりも、行動やマナーのような常識を共有しようという圧力だと思われる。とにかく和を乱さないことが重要という考えが「同調圧力」だと思う。日本では、誰でも自由な考えを持つことができ、表現の仕方なども自由だ。これは、先進国ならどこでも同じ状況だということではないのである。

我慢

次に「我慢」という言葉について注目してみたいと思う。これは、この章の最後のキーワードになる。私が日本に初めて来た時、私はまだ二十一歳で、日本で二十二歳の誕生日を迎えた。私に二十二歳の時があったとは、もう信じられないほど年月が経ってしまった。その頃の自分を振り返ると、反省すべき点がたくさんある。未熟で、幼稚だった二十二歳の私は、自分が我慢するというよりも、周囲の人々の我慢に依存して生きていたと思う。

しかし、人間は成長することができる。時間が必要かもしれないが、人は、変われるのだ。日本人は、このような私の変化に気長に付き合ってくださったのだと感じている。日本人は時間をかけて、人と付き合う人が多いのだ。そして、上辺だけではなく、深い部分で他者と向き合うことができる。私もそのような人々と出会ってきた。私の欠点に注目し、あら探しをするのは、簡単なことだが、私が直接知っているたくさんの日本人は、仁義を尽くし、私の至らないところにも我慢をして、じっくり向き合ってくださっている。その人たちのおかげで、私がこのように、立派な日本のおじさんになれたのである。

日本での私の生活には、言論の自由が十分すぎるほどある。だから、これを最大限に利用して、あまり他人の気持ちは考えずに、自己中心的な発言ばかりをしてきたと思う。私は、他人に向かって自由奔放に自分の言論をぶつけてきたのだ。そんな私に「我慢」して、見捨てずに、許してくださった方がたくさんいる。このような方々に、心から感謝していると申し上げたい。そして、私もこれらの人々が私にしてくださっているように、長い目で人間を見つめていきたいと思っている。

ここで、言論の自由は、我慢と背中合わせであることも強調しておきたいと思う。

「人は皆、罪人である」と、新約聖書の著者の一人とされる聖パウロが言っている。「私こそが罪人であり、罪人の中でも、私が最も重い罪を犯している人間だ」という意味だ。

私が偉そうに、あなたの存在を辛抱していて、ただただ「我慢」しているのではなく、あなたが、私というどうしようもない人間の存在を受け入れてくださっていることを感謝する、という姿勢だ。成長し続け、学びを元によりよく変化することのできる人は、言論の自由の中心に立つことができ、十分にその恩恵を受け、さらなる成長を遂げるべきである。そのような理由からも、聖なるものである言論の自由を阻害してはいけないのだ。なぜなら、日本は聖なる存在だからだ。

言霊

この章の最後に、読者の皆さんに、言論の自由について、変化球を投げてみたいと思う。それは、「言霊《ことだま》」と言論の自由の関係についてだ。ご存じの通り、言霊とは言葉に宿っている霊力のことである。これは、「もしこれを言葉にしたら、本当にそうなる」と、言葉の持つ霊力が、私たちが口にする言葉を実現させる、と信じることにつながっている。

聖ヨハネによる福音書に「はじめに言葉ありき」とあるように、西洋でも似たような発想がないわけではない。例えば、「熊」とは絶対に言わず、その代わりに、「茶色のやつ」

というように遠回しの表現を使う。「熊」と、そのものの名前を口に出して言ってしまうと、本物の熊が現れて自分を襲ってくるかもしれないと恐れているからなのだ。

また、船乗りは船上で絶対に口笛を吹かないというジンクスも、似たような理由からだ。口笛を吹くと、それは小さな風になり、さらにそれが大きな風、つまり嵐を呼び起こしてしまうと言われており、現在でも船乗りは口笛を吹くことはタブーとされている。言霊と若干コンセプトが違うと思われるかもしれないが、とにかく直接的に対象物を指さずに、間接的に物事を考えて話すのだ。

「噂をすれば影がさす」を英語で、「Speak of the devil」となるが、「devil（悪魔）」の名を口にすると、悪魔がたちまちやってくるので、絶対にその名前を言わないようにして、やはり遠回しに言っているのだ。これも、言霊のことを考慮しているのだと思われる。

言霊は、言葉に霊が宿っていると言う考え方が根底にあるが、言論の自由とそれがどう関係しているのかと疑問にお思いになる方もいるだろう。霊の宿るものである言葉を、押し潰したり消滅させてはならない。つまり、言霊の宿る言論から自由を奪ってはいけないという意味で、言霊は言論が自由に飛び交うことに深くつながっているのだ。

言論の自由は、一人一人の存在を認めることで成り立っており、相手を否定せず、その人の選んだ言葉で、その人の意見を話せるようにすることが前提だ。もう一つの前提は、言葉自体が聖なるものであり、だからこそ言葉を縛りつけず、人間がコントロールせずに自由にすることが大切なのである。人間も言葉も自由に羽ばたくべきなのである。

言論の自由を認めるというのは、お互いを認め、お互いを信頼していることに直結している。言葉が私たちの間を自由に飛び交うことができるのは、言葉の持っている物理的な音があるだけではなく、言葉の持つ魂と言葉を放つその人の心が縛られていないということの証拠でもあるからだ。

だからこそ、私は、言論の自由の大国である日本の存在をありがたく思い、日本の皆さんとともに、言論の自由を守っていきたいと思っている。

〈本稿は令和四年三月の一般社団法人大阪倶楽部主催の講演「言論の自由と日本社会の健全」[29]に一部加筆したものです〉

第2章

中絶問題とアメリカの闇の歴史

——道徳観から見た日米関係

アメリカを二分する中絶問題

アメリカの政治専門のニュースメディア「ポリティコ」が、二〇二二年五月二日、大スクープを発表した。それは、アメリカ合衆国連邦最高裁判所の関係者がリークしたもので、サミュエル・アリート連邦最高裁判所陪席判事（一九五〇―）が執筆し、二〇二二年二月に連邦最高裁陪席判事の間で回覧されたという「ドブズ対ジャクソン女性健康機関事件」(Dobbs v. Jackson Women's Health Organization）に対しての、判事たちの意見を反映した判決文草案の全文であった。

これは、最高裁判所による、人工妊娠中絶についての判決に関連するもので、九八ページにも及んでいた。そして、最高裁判所が一九七三年に出した「妊娠を継続するかどうかは、政府の過剰な介入を受けるべきではなく、当事者である女性の意思であり、その決定はプライバシー権に含まれ、合衆国憲法修正第一四条が、女性の堕胎の権利を保障している」とした「ロー対ウェイド判決」を否定する内容であった。(1) 実際に、その後六月二十四日には、最高裁判所の判事九人中六人が、「ロー対ウェイド判決」を覆す判断をし、「合衆国憲法は、中絶する権利を付与していない。その権限を国民とその選出議員に戻す」とした。アメリカの歴史において、大きな政治論争の課題となってきた「女性の妊娠中絶は合法である」とする最高裁判所の下した「ロー対ウェィド判決」が、これによって打ち消されたのである。

アメリカは妊娠中絶の問題を巡って、中絶に反対する人と賛成する人に二極化している。そして、判決草案の内容は、両サイド、つまり全米を震撼させた。私のように、妊娠中絶に反対する人々は、長い間、最高裁判所が勇気を出して、胎児（赤ちゃん）とそのお母さんを守ってくれるように、と祈ってきた。しかし、我々が期待していた通りの判決が出たにもかかわらず、「ロー対ウェィド判決」を完全にひっくり返す判決となることが書かれた草案を知った時には、やはりショックを受けた。信じられない思いだったからだ。ほぼ半世紀にわたって、「ロー対ウェィド判決」はアメリカの文化の一部となり、国民の意識の中に深く根を下ろしていると分かっていたからだ。だから、たった一つの判決によって、アメリカ政治の「柱」ともなっていた「ロー対ウェィド判決」が一瞬で消えるとは、まるで夢のような出来事だったのである。

一方で、中絶を支持する人々は、「ロー対ウェィド判決」が覆され、簡単には中絶ができなくなると知って、ショックを受けた。彼らは「ロー対ウェイド判決」は「決して変更されることのない法律」だと信じ込んできたが、それが間違いだったと知らされることになったからだ。

しかし、中絶を支持する側は本当のところショックを受けるべきではなかった。そもそも、アメリカ合衆国憲法は、妊娠中絶を受ける権利など全く認めていないからである。まず、「中絶（abortion）」という言葉は合衆国憲法に一言も書かれていない。それだけではない。「妊娠（pregnancy）」「性的関係（sexual relations）」「避妊（contraception）」などという言葉も、アメリカの憲法を隅から隅まで読んでも、見つからないのだ。「赤ちゃん（baby）」や、「出産（birth）」も、憲法には出てこない。

このように、アメリカ憲法は妊娠中絶には一切言及していないにも関わらず、最高裁判所は、未婚の女性によって提訴された「ロー対ウェイド」と「ドー対ボルトン」を同時に審理した結果、一九七三年一月二二日に、合衆国憲法が女性の中絶をする権利を保障している、とする「ロー対ウェイド判決」と「ドー対ボルトン判決」を下したのである。

判決では、「プライバシーの権利」とか、「適正手続の保障（due process）」など、合衆国憲法を拡大解釈、いや、間違った解釈をして、憲法は女性の妊娠中絶の権利を認めている、と説明された。しかし、この判決以降、憲法学者の一部をはじめとし、多くの一般のアメリカ国民が、この説明には説得力がないと思ってきたのである。

もっとはっきり言おう。「ロー対ウェイド判決」と、その後、一九九二年に連邦最高裁が、「ロー対ウェイド判決」の骨組みを維持して五対四で中絶の権利を認めた「プランド・ペアレントフッド対ケーシー（Planned Parenthood v. Casey）」は、アメリカの憲法を専門とする学者たちの中では失笑を買っている判決の一つである。例えば、この判決文の中に、次のような一行がある。「自由の核心とは、自分自身の存在、その意味、万物や、人間の生命の神秘について、自分自身の概念を定義する権利である(2)」。

もし、本当にこのようなことを自分自身で決められるとしたら、存在自体の客観性が欠けてしまう。妊娠を中絶する権利とは、結局、想像や仮想現実に基づいた考えなのである。つまり、これは憲法の中には中絶の権利の裏付けがない、と間接的に認めてしまっていることになる。中絶を支持する左翼でさえ、中絶問題がこの文の内容と論理的に辻褄が合わないことをよく分かっているはずだ。言い換えれば、彼らが唱えている中絶の権利と合衆国憲法とのつながりは、誰かが空想しただけだということである。そう考えれば、二〇二二年六月に、最高裁判所が一九七三年の「ロー対ウェイド判決」を覆したことには、何の疑問もないはずなのである。
しかし、アメリカの左翼には、論理によってではなく、暴力に頼って自らの正当性を主張する人間が多いことを忘れてはならない。二〇二二年五月に最高裁判所のこの判決草案が漏洩してから、中絶を支持する左翼は、人々に暴力による解決を呼びかけ、実際に暴力を振るい始めた。
例えば、二〇二二年五月八日の朝、私が大学院生として通っていたウィスコンシン大学があるウィスコンシン州の州都マディソン市で、妊娠中絶に反対する団体の事務所から出火した。窓ガラスがひどく破壊され、事務所の中から火炎瓶のようなものが見つかったことから、地元警察はこれを放火と見ていた。外壁には「中絶が安全でなければ、お前たちも安全ではない」という、明らかにこの団体を脅すメッセージが落書きされていた。[3]
また、六月七日には、中絶反対派の運営する、アッシュビルのマウンテンエリア妊娠サービスが襲撃され、ドアの破壊とともに、ここにも「中絶が安全でなければ、お前たちも安全ではない」と落書きされていた。[4] これらを受けてツイッターは一気に炎上し、「アメリカを燃やし尽くせ」というスローガンのもと、暴力の予告が相次いだ。[5] そのため、中絶賛成派のデモ隊が、最高裁判所まで入り込んで暴力沙汰になるのではないかとの懸念か

襲撃を受けたマウンテンエリア妊娠サービスセンター（2022年6月7日）

らか、高さのある金属製のフェンスが最高裁判所を取り囲む形で急いで取り付けられた[6]。

最高裁判所の保守系の判事たちの暗殺を呼びかけたツイートもあった[7]。中絶を支持する活動家がこれらの判事の自宅住所を発表し、それぞれの私邸の前に中絶賛成派が集合する事態となった[8]。

左翼メディアは、「この最高裁判決で、人工妊娠中絶に対する制限の拡大が予想される」とヘイトや暴力を煽り続けた。その結果、ついに、六月八日、保守系の連邦最高裁判事であるブレット・カバノー（Brett Kavanaugh　一九六五―）のメリーランド州にある自宅の前で、カリフォルニア州の男が逮捕された。彼は、銃、弾薬、鉄パイプ、ナイフ、催涙スプレー、結束バンドなどを所持しており、カバノー判事を暗殺しに来たことを認めた[9]。

ところが、この事件の後でも、保守系の連邦最高裁判事たちの住居近くでは、中絶賛成派のデモが続いたのである。公職にある判事を脅したり、暴力的な行動をとるように呼び掛けたりすることは、アメリカ連邦法の中でも重罪と見なされている。ところが、カバノー判事を殺害する計画で彼の自宅に近づいた、と自白した男を除いて、これらのデモ隊のメンバーたちが咎められることは一切なかったのである。

また、バイデン（一九四二―）政権は、最高裁判所や判事たちの私邸の前で、違法に抗議する人々について意見があるかと問われたときには、彼らの行動を非難するのを拒否した。当時、ホワイトハウス報道官だったジェン・サキ（一九七八―）は、人々が抗議行動をする場所について、政府の公式見解はないとさえ述べた。合衆国憲法は確かに抗議の自由を認めてはいるが、訴訟事件に対する意見を動かすために、裁判官や判事の住居の周辺で暴徒化することは、合衆国法典[10]に違反する可能性がある。報道陣は、政府はなぜ彼らにやめるようにという声明を出さないのかと尋ねた。するとサキは、これらの人々の抗議活動は「平和的」なものだからだと平然と嘘の答えをしている[11]。これがバイデン政権のやり方だ。自分たち側の人々の行動は、たとえそれがどのようなものであっても許容するのである。

また、中絶を支持する人々は、それが母の日であったにもかかわらず、全米のカトリック教会で抗議デモをするよう呼びかけた[12]。カトリックは教義として、避妊と中絶を禁止していることから、中絶支持派のターゲットにされたのだ。カトリック教会のニューヨーク州大司教区大司教座でもあるマンハッタンのセント・パトリック大聖堂の前に現れた活動家たちの一人は、水着姿の人形を振り回しながら、「赤ん坊を殺しているぞ！」と叫んだ[13]。他にも、教会を怒りの対象にしよう、と呼びかけた中絶推進派の過激な活動家も多数存在し、現在に至るまで、落書き、脅し、破壊、放火と、カトリック教会に被害を与え続けている[14]。

「ジェーン（Jane）」と名乗る極左中絶肯定派の集団は、一九六〇年代から七〇年代にかけて、シカゴなどで違法に中絶を推進していた。その名を利用して現在も過激な活動を繰り返すフェミニスト・テロ組織「ジェーンズ・リベンジ（Jane's Revenge）」が、七月に「激怒の夏（Summer of Rage）」と名付けたホワイトハウスへの行進を呼びかけた。同時に彼らは、全米の中絶に反対するプロ・ライフ・クリニック、養子縁組クリニック、妊婦ケア・クリニックと、そのような場所で勤務している人々をターゲットにして、容赦なくテロ攻撃を繰り返した。[15] 働いているのはほとんどが女性で、ゆえに被害にあったのも女性が大半である。

ここで中絶に関する言葉を説明しておきたい。

「プロ・ライフ（pro-life）」と「プロ・チョイス（pro-choice）」は、アメリカや他の英語圏の国々で使われている、中絶問題を巡る言葉だ。ここでの「プロ」は、「プロフェッショナル」の略ではなく、「支持する」という意味の英語である。「プロ・ライフ」は、色々なニュアンスがあるが、広義では「人工妊娠中絶に反対する」考え方、その考え方を持っている人、またはその考え方に沿った運動などを意味する。それに対して、「プロ・チョイス」は、同じようにニュアンスはさまざまだが、広義では、「人工妊娠中絶を選ぶかどうかという選択肢（チョイス）は、女性本人に任せた方がいい」という考え方で、それを支持する人、またはその考えに沿った運動などを意味する。プロ・チョイスには、人工妊娠中絶に反対している人も反対していない人も含まれ、さらに妊娠中絶を肯定的に考えている人も含んでいる。

「ジェーンズ・リベンジ」のテロは現在も終息する気配はない。二〇二二年十二月になって、ネブラスカ州立大学キャンパスに近いカトリック・センターが、「ジェーンズ・リベンジ」から襲撃予告を受けた。このセンターでは、近く中絶反対派集会を開催する予定が発表されていたのであるが、「もし中絶ができなくなったら、センターを攻撃してやる」という張り紙がカトリック・センターの玄関先にテープで貼り付けられたのだ(16)。

前述したマディソン市は、保守派からは「マディソン人民共和国（The People's Republic of Madison)」と揶揄されているような場所である。そう考えれば、不思議なことではないのかもしれないが、この市にある公立の名門ウィスコンシン州立大学に職を得ている三人の教員が、ハンガリー系ユダヤ人の著名な投資家でグローバリストであるジョージ・ソロス（一九三〇―）から資金的援助を受けている組織と協力して、中絶促進プロパガンダを行っている。そして、中絶肯定派による多くのテロが、このマディソン市とその周辺で起こっているが、マディソン市警察はいまだに一人も逮捕していない。

これを見ると、レスビアン、ゲイ、バイセクシュアル、トランスジェンダー、そして自分の性別に疑問を持つクエスチョニングの五つの性的マイノリティーを表す頭文字を持つ「LGBTQのイデオロギー」を支持することを公に表明しているマディソン市警察(17)が、目の前で起きているテロ攻撃を無視していることは、ウィスコンシン大学に巣食う極左勢力と警察が一致協力しているとしか思わざるを得ない。

もちろん、極左の司令本部である民主党は、中絶肯定派が起こすテロ攻撃を全面的に援助し、もっと簡単にもっと多くの中絶が可能になるようにしようとしている。バーモント州選出の上院議員で、過去二度にわたる民主党の大統領選予備選の候補者でもあり、自らを「民主社会主義者」と評するバーニー・サンダーズ（Bernie Sanders 一九四一―）は、「ロー対ウェイド判決」の内容を連邦政府の法律にしなければならない、もし賛成する上院議員の数が十分でなければ、議事妨害（filibuster）の習慣を無くし[18]、その法律を無理矢理にでも通過させなければならない、と個人ツイッターにアップした[19]。また、民主党議員で、ニューハンプシャー州選出の上院議員ジーン・シャヒーン（Jeanne Shaheen 一九四七―）は、もし「ロー対ウェイド判決」が覆されることになったら、アメリカで「革命」が起こると「予言」した[20]。

今や民主党のファシズムの推進力となり果てたＦＢＩは、民主党お抱えの秘密国家警察ゲシュタポ（Gestapo）のような存在に成り下がっている。彼らは全くの無実で、ただ社会をより良いものにしようと願って行動しているプロ・ライフのクリニックや教会のような団体や個人に対して繰り返される中絶肯定派の卑劣なテロ・キャンペーンを半年以上調査しなかった。それどころか、ＦＢＩはプロ・ライフの人々を、さまざまな難癖をつけて逮捕しているのである。

アメリカは、日本の同盟国として大丈夫なのか？

私の友人であるウィル・グッドマン（Will Goodman）は、中絶に反対している熱心なカトリック信者だ。彼は、アメリカの公民権運動の先駆的なリーダーで、ノーベル平和賞を受賞したマーティン・ルーサー・キング牧師（一九二九―一九六八）や、非暴力運動で祖国インドの独立を勝ち取ったマハトマ・ガンジー（一八六九―一九四八）、そしてイエス・キリストなど、暴力に頼るのではなく、平和的に世界を変えた人々を尊敬している。そして、胎児とそのお母さんが、中絶ビジネスによって凄まじい暴力を受けているのを、指をくわえてただ黙って見ていることはできない人間である。

カナダでは、メアリー・ワーグナー（Mary Wagner 一九七四―）という女性が、中絶に反対し、中絶施設のスタッフの同意なしに、母親に助言するために中絶クリニックを訪れ、その中に入って行くという。彼女を見習ったグッドマンも時々、中絶をしているクリニックの建物の中に入って行き、待合室にいる女性たちに優しく声をかけ、赤い薔薇を手渡しているそうだ。その薔薇には小さなカードが紐で結んであり、「神様はあなたとあなたの赤ちゃんを愛しています」と書かれている。そして彼は、「プロ・ライフの我々が、全面的にサポートしますので、大切な赤ちゃんの命を守りましょう」といったような、慈愛に満ちた言葉を女性たちにかける。しかし、このような行動が理由で、グッドマンは何回も逮捕された。待合室で女性たちに、カードが結ばれた赤い薔薇を手渡して、彼女たちに声をかけただけなのに、中絶クリニックへ無断侵入した罪で逮捕されるのだ。

ちなみにグッドマンと彼のプロ・ライフの仲間たちは、自分たちの行動を「赤い薔薇の救済（Red Rose Rescue）」と呼んでいる。彼らの行動の基本は、一〇〇％非暴力だ。彼らは、すべての人々は神に愛されており、自分たちの兄弟姉妹なのだから、人間の命、とりわけ罪のない赤ちゃんの命を守らなければならないと思っている。

グッドマンとプロ・ライフの仲間たちは、中絶クリニックに入り、鎖や南京錠などでクリニックの扉を封鎖した。これも、完全に非暴力的に行う。なぜなら、彼らがしているのは、人を怪我させるためではなくて、人を救うための行為だからだ。鎖、南京錠を使うのは、中絶クリニックで実際に胎児を堕ろす「手術」が準備されている日だけで、その「手術」を止めさせるための手段なのである。すると、警察がすぐに来て彼らを逮捕するが、その時には完全に脱力し、ぬいぐるみにでもなったかのように無抵抗になる。こうすることで、中絶クリニックの敷地内に残る時間を引き延ばすことができ、それによって、胎児を殺すというクリニックの恐ろしい「手術」を、できるだけ長い時間邪魔することができるからである。

二〇二二年四月頃、グッドマンのプロ・ライフの仲間の一人である、ローレン・ハンディー（Lauren Handy）と他のプロ・ライフ活動家たちは、ワシントンD.C.にある中絶クリニックの一つから、中絶された赤ちゃんの遺体を受け取ることに成功した。合わせて一一五人の遺体だったと彼女たちは証言している。恐ろしいことに、大半の中絶クリニックは、彼らが殺した赤ちゃんの遺体をただのゴミとしてゴミ箱に捨てる。

ハンディーたちはそのような赤ちゃんたちの尊厳を守り、彼らを人間として相応しく送り出すために、カトリックの神父と協力して、この一一五人の葬儀を執り行ったという。ハンディーたちは、自分たちが行っていることが犯罪だとは思っていないが、アメリカの法律に照らせば違法となる。たとえ、ゴミ収集トラックの運転手に頼んで、ゴミとして処理された遺体を受け取ったとしても、それが中絶クリニックの許可なしに行われたことには変わりない。彼女たちは、葬儀終了後、ワシントンD.C.の監察医に自発的に報告した。それで当局が事情を調べたことで、全国的なニュースとなったのだ。

グッドマンは、ハンディーのこの件には関係しなかったが、他の似たようなケースには携わった。私は、米国のプロ・ライフ雑誌「Human Life Review」のために、グッドマンとハンディーにインタビューしたことがある[21]。

その時、ハンディーたちが葬儀を行った赤ちゃんたちの遺体の写真を見た。一人の女の子の写真は、一生、私の心から消えることはないと思う。ハンディーたちは、葬儀の前に、すべての赤ん坊に名前をつけるそうだ。そして、写真のその女の子はハリエットちゃん(Harriet)という名前だった。彼女は、普通の出産で産まれてくる赤ちゃんと同じ大きさで、産婦人科で見かける新生児と変わらないように見えた。しかし、彼女の頭の後ろには「医師」によって穴が開けられていた。そこから脳が吸い出されたのだと言われている。

このようにして、母親の体内で胎児を殺害し、それを母体から取り出すのだ。信じがたいほどの暴力を受け、恐ろしいやり方で殺害された無実の赤ちゃんに対して、人間の尊厳を守り、少なくとも名前をつけて葬儀だけでも執り行ってから埋葬してあげたいと思うハンディーたちは、アメリカのメディア、そして選挙不正によって「当選」したバイデン

「大統領」とその政府に犯罪者扱いされるのである。

カトリックやプロテスタントの信者を中心に、仏教の信者、そして無神論者もいるが、暴力に訴えることなく、あらゆる人間が尊厳を持ち、平和な世界で暮らし、博愛と慈愛の心を持って生きていきたい、と望む人たちは、ワシントンD.C.に巣食う輩《やから》や、それにおもねる主流メディアなどからは、直ちに罪人扱いされることになっているのが現在のアメリカなのだ。

数年前、グッドマンやハンディーのように、プロ・ライフを提唱しているあるグループは、中絶クリニックの待合室にいた女性たちに赤い薔薇を配り、彼女たちへのサポートを提供しようとした。中絶ビジネスから、赤ちゃんとそのお母さんたちを救おうとしたのだ。しかし、彼らは、このことで逮捕された。バイデン政権下の司法省（Justice Department）は、彼らを起訴し、懲役十一年を求めている。

また、他の多くのプロ・ライフ提唱者たちも、続々とＦＢＩによって逮捕されていることも忘れてはならない。ある男性は、中絶クリニックの中で、他のキリスト教信者とともに、賛美歌などを歌っていた。トランプ政権下であれば、彼らは地方の警察によって、クリニックへの無断侵入のため逮捕されたと思うが、連邦レベルでは彼らに何事も起こらなかった。ところが、バイデン政権に変わったある日の朝、ＦＢＩの捜査官数十人がいきなり彼の家に押し入ってきた。捜査官たちは、大きな銃を振り回しながら、彼の奥さんと彼らの小さな子供たちを脅し、中絶クリニックで賛美歌を歌ったことを理由に彼を逮捕した。

このようなことが、今のアメリカでは繰り返し起きていることからも分かるように、アメリカ政府は、完全にファシズムに支配されているのである。私は、こんなアメリカが、日本の同盟国として相応しいかどうか、日本人にじっくりと考えてもらいたいと思う。アメリカ国民が云々ということではない。私が指摘したいのは、アメリカ連邦政府の現状だ。全体主義の道を突き進んでいる政府が率いるアメリカが、気高く、そして長い歴史と文化を誇る日本の唯一の同盟国として、果たして良いパートナーなのかどうかを、考えてもらいたいのである。

赤ちゃんの命を守ろうとして、非暴力的に行動する人々を次々と刑務所に放り込むアメリカ政府が、中国共産党とどう違うのか、私には分からない。しかし、ジャーナリストの高山正之氏（一九四二―）のような例外を除けば、不思議なことに、散々、中国の共産党政府を酷評する日本の活動家やジャーナリスト、そして政治家たちの多くは、骨の髄まで腐敗したアメリカのファシスト政府のことは一切批判しない。それどころか、中国共産党を厳しく非難する日本の政治家が、次の瞬間には、アメリカ政府を誉め讃えるのを見ると不思議でならない。このような矛盾に満ちた日本の現状は、私には全く理解できないのである。

この現象は、日本のいわゆる保守系と呼ばれ、そう自認している人々の多くが、戦後、アメリカに洗脳され、アメリカの罪に対しては盲目的になってしまっていることから来ているのであろう。私は他にも、そうとしか思えない状況をこれまでたくさん見てきた。そんな私の目には、日本は真のアメリカの姿を理解しようとはせず、永遠にアメリカの属国であることを受け入れているように見える。果たして日本はそれで良いのか。果たして、命、とりわけ社会の最も弱い命である赤ちゃんの命を軽視し、全体主義に基づいた自分のポリシーを暴力で推し進めているアメリカ政府が、日本の同盟相手として的確なのか、私は強い疑念を持たざるを得ないのである。

道徳観の欠けている米中央政府

ここで、今一度、アメリカの現実、そしてアメリカの歴史を確認しておきたい。

上院議員の一人が、アメリカでの「革命」を予言しているのを見ても分かるように、現在のアメリカは内戦寸前の状況にまで陥っている。しかし、いったいなぜ、アメリカという国は、妊娠中絶に関する問題でこんなにはっきりと二極化するのか、と不思議に思う読者は多いと思う。その発端は、アメリカやヨーロッパで起こった、「性の革命」(Sexual Revolution)という名の、性に関する解放運動の形をとった社会革命が始まった一九六〇年代に遡る。

簡単に言えば、この社会革命の一部分を担う中絶問題が、全米を巻き込みながら、価値観や信念の対立である文化戦争(Culture Wars)の最も重要な論点になり、結果としてアメリカを二つに引き裂くことになったのである。一九九〇年代以降、歴史や科学の分野においても、ポストモダンやマルクス主義の影響を巡って、保守主義者と自由主義者は多くの議論を戦わせているが、これも文化戦争の一部である。半世紀以上にわたって、保守主義者と自由主義者間の、衝突の大きな原因になっており、人間の命を文字通り左右する中絶問題は、実はアメリカの文化戦争の核心なのである。

「自分に都合が悪いからと、我が子の命をこの世から消し去ることはあまりにも残酷なことで、すべての赤ちゃんの命を救いたい」と思うアメリカ人と、「妊娠中絶のない世界は、選択の自由のない『中世』に戻るかのようで、女性が決定権を持つ権利を絶対的に保障しなければならない」と主張するアメリカ人。違った価値観を持つこの二つのグループのギャップは、時間が経てば経つほど広がっている。

そして、アメリカ全土どこでも中絶ができるという、「ロー対ウェイド判決」の出た一九七三年以後には、当たり前になってきたことが、もしかしたら不可能になるのではないか、と左翼が激昂したのが二〇二二年なのである。彼らは、各地でテロ攻撃を繰り返し、中絶に反対する人々を攻撃し続けている。

二〇二二年一一月に行われたアメリカ中間選挙では、メディアや世論調査を元にした大多数の予想に反して、民主党が善戦したと言える。この中間選挙では、経済政策をはじめとするバイデン政権の数々の政策の失政から国民の目をそらすために、最高裁判所の内部から中絶問題の草案全文を漏洩させた、とも言われている。選挙の争点を、経済問題から、中絶問題へ転換させるためである。もしこれが事実であるならば、妊娠中絶を巡る、アメリカの国民の価値感の違いが、再び政治に利用されたのである。

自称カトリック信者であるバイデン「大統領」本人も、「中絶する権利を一〇〇％支持している」と演説の中で繰り返し述べている。カトリック信者にとっては、大罪である中絶に賛同するとは、驚くべきことだ。しかし、さらに衝撃的なのは、このようにバイデンが明確に中絶に賛成しているにもかかわらず、カトリック教会は彼をほとんど非難していないことである。数少ない高位のバイデン批判者の一人、元フィラデルフィア大司教区の指導者チャールズ・シャピュー（Charles Chaput 一九四四―）大司教は、公の場でバイデンの中絶擁護の姿勢を批判し、カトリック信者にとって大切な儀式である聖体拝領をバイデンに授けることがないようにと、すべての神父に呼びかけている。だが、極左の思想を持ち、中国共産党の傀儡《かいらい》であるローマ教皇フランシスコ（Pope Francis 一九三六―）は、二〇二一年一〇月二九日、事もあろうにバイデン夫妻をローマ・カトリックの聖地であるバチカンで私的に謁見し、バイデンに、引き続き聖体拝領を受けるように言ったとされる。(22) 神父の誰が、ローマ教皇の言葉より大司教の訴えに耳をかすだろうか。カトリックの教えに反して中絶に賛成するカトリック教徒のバイデンは、フランシスコ教皇の保護のもとで、こうして今も聖体拝領を受けることができるのである。

「話し合う時期はもう過ぎた」

現代社会においては、本来、政治と宗教とは分離されているはずだが、アメリカを分断している政治の影響は、カトリック教会の奥深くまで入り込んでいる。米国内では、「内戦」という言葉まで使って現状を説明している左翼メディアや政治家が増加しており、このようなアメリカの政治的分断を修復するのは、すでに手遅れだと発言している有識者も多い。そして、覚えておかなければならないのは、このようなアメリカの政治問題が全世界に与えている影響は非常に大きいということである。

私は、一見この大袈裟に聞こえる「内戦が起きている」という分析は正しいと思っている。左翼の主張に賛同することはほぼない私だが、「話し合う時期はもう過ぎた」という点にだけは同意する。

表面だけを見れば、国内を二分しているのは政治問題であり、確かにそれはそうだと思うのだが、今やこの分断は政治の次元をはるかに超えた大きなものになっている。アメリカで起きている文化戦争は、ただただ価値観や信念や習慣などの「文化」を巡って争っているのではない。例えば、私を含む中絶反対派は、無実の赤ちゃんの「命」とそのお母さんを守るために戦っていると意識している。赤ちゃんの命がこの瞬間にも奪われているのだから、価値観の違いを「話し合っている」時間はなく、とにかく過去五十年近くにわたって行われてきた大虐殺を一刻も早くやめさせなければならない、と思うのは当然ではないだろうか。

このように、かなり多くのアメリカ国民が持っている、命を救うことへの強い意志が、二〇二二年の「ドブズ対ジャクソン女性健康機構事件」の判決草案の全文漏洩の背景にある可能性も高いのだ。

しかし、アメリカではなぜ中絶問題がこのように大きな課題に発展しているのであろうか。それは、この問題がアメリカの歴史に深く根ざしているからである。

ついに目覚めつつあるアメリカ人

アメリカの歴史を語る時避けて通れないものに、奴隷制度がある。アメリカ史の中では、アフリカの人々が拉致されたのち、一六一九年（元和五年）に初めて北米大陸のイギリスの植民地にまで連行され、売買された時が奴隷制度の始まりとして有名だ。しかし、イギリスからの移民たちがバージニア植民地に最初に入植した一六〇七年のかなり以前から、北米大陸では、先住民であるネイティブ・アメリカンが他のネイティブ・アメリカンを売買する奴隷制度が存在していた。また、一六一九年よりも前から、スペイン人やポルトガル人は、アフリカからの黒人や南北アメリカ大陸の先住民を奴隷にしていた事実もある。つまり奴隷制度は、形を変えながらも、アメリカの歴史と平行して存在していたのである。

アメリカ合衆国の奴隷制度は、制度が深く定着した南部と、自立した農家や小企業主が住民の大半であった北部が対立した南北戦争（一八六一―一八六五）の終結から約八か月後の一八六五年一二月の憲法修正第一三条の成立により終了するまで、二〇〇年以上にわたって継続した。

この奴隷制度の大前提は、法律によって、「黒人は一人前の人間ではない」と規定されていたことだ。これはアメリカ合衆国憲法の最大の欠点であったのだが、「五分の三条項」と呼ばれたものであった。奴隷という言葉は注意深く避けられているが、「その他すべての人々」は「人間の五分の三とみなす」と憲法第一条第二節第三項に明確に書いてあった。現代において、これが大きな問題であると解釈されるのは当然であるが、合衆国憲法が定められた一七八九年当時には、約七〇万人存在していたといわれる黒人奴隷は、下院議員の選出と直接税の課税基準において、「一人の五分の三と数える」とされていたのは事実なのである。

そのうえ、最高裁判所は一八五七年に奴隷制度を積極的に支持する判決を下している。ドレッド・スコット（Dred Scott 一七九五年頃―一八五八）は、軍医所有の奴隷からその未亡人の奴隷となっていたが、「奴隷を禁止している自由州に居住しているのだから、自分は自由人であり奴隷ではない、ゆえに自分に対するこの未亡人の暴力に損害賠償を求める」と訴訟を起こした。「ドレッド・スコット対サンフォード事件」と呼ばれるものである。判決は、彼の主張を完全に否定し、「アフリカ人の子孫は、奴隷であるかないかにかかわらず、米国の国民にはなれない」というものであった。人間の尊厳を認めることを拒んだこの判決は、奴隷制に反対する北部世論の火に油を注ぐ結果となり、五年後の一八六一年に始まる南北戦争の大きな原因となった。

南北戦争終結とともに、それまで当然だと思われていた不条理な奴隷制度が廃止されたように、最高裁判所の保守系判事として知られていたアントニン・スカリア（Antonin Gregory Scalia 一九三六―二〇一六）は、「ロー対ウエード判決」がいつか覆されると予想していた。彼は、人間としてではなく奴隷として生きるように、と連邦最高裁に言い渡されたドレッド・スコットの油絵の肖像画を見たときに、「ロー対ウエード判決」を出した最高裁判所は、「ドレッド・スコット対サンフォード判決」の時と同じ過ちを犯したのだと思ったのである。

裁判所がドレッド・スコットの訴えに対して、人間性を否定する「ドレッド・スコット対サンフォード判決」を下したのと同じように、「ロー対ウエード判決」は、人として生きる権利を否定する判決だったということである。そのような判決が、いつか覆らないはずはないと、スカリアは思ったのではないだろうか。

このような歴史的背景があるアメリカだからこそ、中絶問題が、単なる政治問題、社会問題、価値観の衝突を生むだけではないのだということを理解していただけると思う。中絶問題は、アメリカが、「善を選ぶ国」なのか、「永遠に悪に染まったままでいる国」なのかという究極の選択を迫っているのである。

だからこそ、二〇二二年の五月初旬、政治ニュースメディアの「ポリティコ」が、最高裁判所の「ロー対ウエード判決」を覆す草案全文をリークした時、アメリカ国内が大混乱に陥ったのだ。国の今後の方向性を決定する瞬間が、思いもかけず急速に近づいているのを国民が感じたからである。

アメリカは、自由の名の下に人を殺してもよいと主張する国であるのか、自由よりも人命を重んじ、人を殺してはならないと主張する国であるのか。奴隷制度の存続と廃止を巡って、同国人同士が殺し合うこととなった南北戦争以来、今、アメリカは最大の転換期を迎えている。

そんな中、アメリカの一般市民は、真剣に自らの選択を考えていると思う。しかし、アメリカ政府高官をはじめ、共和党、民主党を問わず、プロの政治家の大半と、自称エリート層に属する人々は、これよりもずっと以前から、アメリカが「人を殺してもよい国」であり続けるという選択をしてきているようだ。

これについては彼らの、二〇二〇年に各地で勃発した大暴動を沈静化する努力をするどころか、支持しているかのような姿勢にも見て取れる。それは、店舗を破壊し、無実の人々に暴力を振るっても、自由の名の下に行っている行為なのだから許されるべきだ、という選択であった。

そして、彼らの魔の手は、もう子供たちにも伸びている。

例えば、アメリカではすでに一般的なものとして受け入れられているのであるが、ドラッグ・クイーンと呼ばれる女装したゲイの男性が、幼児に絵本を読み聞かせるという、極めてグロテスクな「ドラッグ・クイーン・ストーリー・アワー（Drag Queen Story

Hour)」というプログラムがある。

日本でも、取り入れている場所があるが、想像してみて欲しい。就学年齢にも満たない幼児が、ドラッグ・クイーンから物語を読んでもらう意味が、どこにあるのだろうか。「あなたも、大人になったらドラッグ・クイーンになりなさいよ」というメッセージなのか。そして、強調しておきたいのが、子供を相手にするイベントに参加する「ドラッグ・クイーン」の一部は、児童をターゲットにし、性的虐待を行うプレデター（捕食者）だということである。このような例を見ても分かるように、アメリカの左翼の行動は常軌を逸し、道徳観念に欠けている。これは社会にとって大きな問題である。

アメリカの左翼や自称エリートたちは、国民の道徳観念を失わせ、社会の価値観を自分たちの望む形に新しく書き換えることにより、アメリカを分断し、自らの支配を容易なものにしようとしているのだ。

しかし、明るい兆しと言えるのだが、大半のアメリカ国民はこれに気がついているように見える。

なぜなら、彼らは、左翼党である民主党や、左翼に汚染された主流メディアに、次々と背を向けているからである。特に国民が注目しているのは、中絶が横行することによって、アメリカで生まれるはずの赤ちゃんが統計に現れる数字だけでも毎年六〇万人以上も殺されているという問題、さまざまな精神的問題を抱えている人を利用してさらに戸惑わせることで、男女という根本的な区別まで否定し、それによって社会の崩壊を企むトランスジェンダー問題、性交渉をする目的で未成年者を手なずけたり、罪悪感や羞恥心を利用して未成年者をコントロールするグルーミング問題など、アメリカに存在する現実である。

アメリカ人は、自国に取り付いて離れない左翼が行ってきたことのひどさ醜さに、ついに目覚めつつある。しかし、油断はできない。左翼勢力や自称エリートたちは、それを見て、さらに激しく国民の洗脳に取り組み、人々がモラルを失うような政策を国民に押し付けようと画策することは確実だからだ。それは、既に密かに始まっている可能性が高い。

「民主党精神」とグローバリズムのルーツ

アメリカを分裂させている中絶問題をはじめとして、その他多くの懸念材料の背後には、アメリカのグローバリストでありエリートである人々の姿がちらつく。世界を一つの共同体と捉え、国境を否定し、文化や価値観の違いも認めないのがグローバリストであるが、その中でもエリートとみなされる人たちが、世界を陰で牛耳ってきたと言っても過言ではない。これは、陰謀論でもなんでもなく、真実なのである。

アメリカのグローバリスト・エリートは、「ロー対ウエード判決」が出された一九七三年のかなり前から、中絶などさまざまな方法と言い訳を使って、非白人の人口をコントロールし、できる限り削減しようと画策してきた。これは、実はアメリカ国内だけの問題ではなく、広く海外にもその被害は及んでいる。特に、日本にも深い傷を負わせている問題であることは無視できない。

二〇二二年、最高裁判所がついに真剣に取り組み、約五十年にわたって維持されてきた判決を覆す方向に大きく舵を切ったことにより、大きく脚光を浴びている中絶問題だが、これは、アメリカの歴史の闇を白日の下に晒《さら》すことにもなっている。

ここで取り上げたいのは、まずはアメリカ国内で隠されてきた歴史、そして次に、日米関係においてアメリカが日本に強いてきた暗い歴史――例えば戦後占領軍が携わった「優生保護法」の採決に関する歴史である。

「性」に関する問題は、「ロー対ウエード判決」が出た一九七三年以前にも最高裁に持ち込まれていた。例えば、「ロー対ウェイド判決」に大きな影響を与えたと言われている、一九六五年の「グリズウォルド対コネチカット州判決」がある。連邦最高裁は、「プライバシーの権利、言い換えれば自分のことを自分で決定する権利は、憲法で保障された基本的人権とする」と判断した。しかし、これを見ても分かるように、最高裁判所で「性」に関する問題が議論されてはいても、妊娠中絶が合憲であるかどうかということに対して、はっきりとした判決を出したことは、一九七三年までなかったのである。

「ロー対ウエード判決」が出た一九七三年一月二二日までは、アメリカでは中絶や避妊などのバース・コントロールに関しては、州法や州ごとの条例が決められており、各州が「性」に関わる諸問題を決定していた。アメリカは少なくとも表面上は、民主主義の国である。そのため、州レベルの法律と連邦レベルの法律との間に大きなギャップがあることも多い。連邦制度の下では、各州の住民が議論や選挙運動に参加し候補者として出馬したり、投票に行くなどして、その州の人々の願いと要求に沿った州法を決定することは国の基本であるといえる。例えば、経口避妊薬などを使用する避妊の新しい方法が社会に及ぼし始めた大きな影響力をどうするのか、民主主義という大多数の意見によって決定しようとしていたのである。

だから、最高裁判所が一九七三年に突然、「ロー対ウェイド判決」を通じて妊娠中絶は合憲であると一方的に決定し、それを憲法に照らし合わせても永久に問題視されない事実として、国民に押し付けてきたことで、アメリカ国民は大きなショックを受け、そして深く傷ついたのである。連邦制度という仕組みを持っているのに、民主主義が最高裁判所によって無効にされたという印象を受けた人が少なくなかった。なぜ最高裁判所の判事九人のうち七人の意見だけが、国民の意見を問うという連邦制度よりも力を持っていたのか、納得できない人が多数存在したのである。

この時、裁判所のエリート判事七人が、アメリカの民主主義を無効化したのは確かであるが、これは、いったいどういうことだったのか。司法機関と立法機関の管轄争いだけの問題だったのか。いや、事はそう単純ではない。もっと奥深い、もっと暗い本質が「ロー対ウエード判決」の背後に潜んでいたのだ。それがグローバリズムである。そして、グローバリズムは、アメリカ国内だけの問題ではなく、全世界を巻き込む根深さを持っている。中でも日本は、戦争や占領などの形で非常に早い時期からワシントンD.C.に巣食うグローバリストたちのターゲットにされ、犠牲となってきたのである。

しかし、このような司法における動きだけを見ていては、アメリカでの中絶問題は理解できない。中絶問題には、左翼が求めている単なる「権利」以上の意味があるからである。

アメリカでの中絶と避妊に関する問題は、私が「民主党精神」と呼ぶ、アメリカにおけるグローバリズムに根ざしていると理解しなければならない。そして、「民主党精神」は、人種差別や非白人の大幅な人口削減など、アメリカの自称エリートたちの深い闇の歴史とからまりあってできている一本の糸なのである。

この「民主党精神」を正しく理解するには、アメリカの歴史を再び学び直す必要がある。二〇二一年に私が監修を務め、我那覇真子《がなはまさこ》さんと福島朋子《ふくしまともこ》さんとともに携わった翻訳プロジェクトのキャンディス・オーウェンズさんの著書『ブラックアウト』（*Blackout: How Black America Can Make Its Second Escape from the Democrat Plantation*）で説明されているように、南北戦争が集結するまで、民主党は奴隷制度を徹底的に肯定し、その後も人種差別を続けていることは事実であるからだ。

高校の歴史の授業で、アメリカの奴隷制度と人種差別の歴史を学ばれたこともあるかと思うが、ここでよくある誤解を正しておく必要があると思う。アメリカでは、「人種差別があったから奴隷制度ができた」のではなく、「まず奴隷制度があったから、人種差別が法的にも認められた時期があった」のである。

一七七六年七月四日に、アメリカ合衆国として独立するかなり以前から、アメリカに住む白人たち、端的に言えばヨーロッパから船で勝手にアメリカ大陸に押しかけて行き、ネイティブ・アメリカンが先祖代々暮らしてきた土地を暴力で奪い取った人々であるが、彼らは、ヨーロッパの農民に比べて、規模の大きい農場で豊かに作物を栽培することができた。ヨーロッパと比較して、その当時の北米大陸は、農地に転用できる土地の面積も膨大であったうえに、肥沃であったからである。

特に、アメリカ合衆国の最初の十三州のうちの一つとなった、バージニア植民地周辺は土地が非常に豊かで気候も穏やかなことから、農耕を始めるのに適した場所であった。初期に入植した人々には苦労もあって、先住民であるネイティブ・アメリカンの助けがなければ最初の冬を越すことができないほどであったが、移民たちは新しい大陸での農業のコツを身につけ、その実り豊かな土地では、家族が食べるくらいの小麦や野菜などを栽培することは困難ではないことに気がついた。そこで彼らは、自らが必要な食べ物、そして家畜の餌などに使う穀物を栽培するのに必要な耕作地以外の場所で、商品作物（cash crop）、つまり自分では消費しないで市場で売って現金（cash）に変換できる作物（crop）を栽培した。それは、タバコや綿花など、イギリスや他のヨーロッパの国々に輸出できる作物であった。

ただし、土地がいくら広いとは言っても、それだけでは作物の栽培はできない。農作業には労働力も必要である。アメリカ大陸では、アフリカから拉致されて現在のブラジル、キューバ、ハイチなどで人間が売買される制度がすでに確立されていたこともあり、バージニアなど、北米に居住するヨーロッパ系の移民を中心とした人々がこれを利用してアフリカから連れてこられた奴隷を買い、「現金に換えられる作物」の栽培を目的として労働させた。ネイティブ・アメリカンも奴隷制度を利用したが、積極的ではなかった。

このように見てみると、南北アメリカ大陸が、世界市場の競争に積極的に参加することができたのは、奴隷という労働力に頼ることができたからだというのは明白である。言い換えれば、奴隷制度こそが、アメリカ大陸がグローバル経済において影響力を持つのに必要不可欠であったと言える。

時間の経過とともに、この奴隷制度がアメリカの歴史を大きく変えていくことになる。特に土地が肥沃だったアメリカ南部では、農場主は常に白人であり、彼らの畑で働いているのは、「所有物」である黒人奴隷たちであった。そして、白人たちは自ずと自分たちが黒人に比べて優れていると考えるようになった。もちろん、スペイン帝国は中南米と南アメリカのほとんどの地域、そしてポルトガル帝国は、ブラジルなどの植民地を持っており、彼らも奴隷を使っていた。そして、ヨーロッパの南西に位置するイベリア半島では何世紀にもわたって、さまざまな人種、違った宗教、多様な文化が混じり合った場所であった影響なのかもしれないが、彼らの植民地では先住民や奴隷と白人が結婚することもあり、子供が生まれて混血が進んでいった。

しかしその一方、もともとはイギリスの植民地であったアメリカ合衆国においては、そのような例があまり見られない。農園主である奴隷の持ち主が、女性の奴隷を日常的に強姦したりするような犯罪から、二人の間に子供ができることがあったのは確かだが、その場合は、産まれてきた子供も、農園主の「所有物」とみなされ、肌の色が白いか、そうではないかで、奴隷と奴隷ではない人を区別していた。

アメリカ独立宣言の起草者でもある、第三代大統領のトマス・ジェファーソン大統領（一七四三―一八二六）が女性の奴隷、サリー・ヘミングス（Sally Hemings 一七七三―一八三五）を「所有」していたのは有名だ。ジェファーソンは、彼女との間に数人の子供を設けていたと推定されているが、彼女と正式に結婚することは当然ながら彼の頭にはなかった。

肌の色で、はっきりと区別される日々の暮らしと社会のあり方から、人種差別の思想の土台がつくられ、差別感情が芽生えていったのである。そして、奴隷の境遇から逃れようとする者が後を絶たなかったことから、彼らが脱走しないように厳しく取り締まる必要性が生まれたことも人種差別制度の成立に拍車をかけた。

この基本的な白人優位の思想や社会制度のうえに、民主党が成立した。

民主党は、最初から白人がつくった白人のための党であり、はっきり言って白人至上主義の党なのである。そして、そのようなDNAを持つ民主党は、白人が黒人を含む有色人種のすべてを支配するべきであり、それこそが全宇宙の掟であると考えるようになり、現在に至っている。

一八六五年（慶応元年）、南北戦争の終結後に奴隷制度は廃止されたのだが、民主党のこの基本的思想に一切の変化はなかった。それどころか、南北戦争の後には、むしろ民主党の人種差別推進が全米に広まっていったのである。もともと、奴隷制度の影響の少ない北部に住んでいて、奴隷制度が野蛮なもので廃止するべきだと主張してきた白人も、その大半は白人と黒人が平等だと思ってはいなかった。この土台のうえに、白人至上主義者集団だった民主党が、人種差別と白人選民思想をブレンドしてでき上がった観念をアメリカ全土に広めていった。そして、それが南北戦争以降一〇〇年以上にわたって、全米の常識になってしまったのである。

これは、白人至上主義の秘密結社、ＫＫＫ（クー・クラックス・クラン）の歴史を見れば分かるだろう。南北戦争直後から、南部を占領した北軍や、それに協力する黒人たちに対してテロ活動を繰り返していたＫＫＫは、北軍が南部から撤退すると、徐々に力が弱まっていき、存在は薄れていった。しかし、二〇世紀に入ると、ＫＫＫは新しい形態で蘇った。人種間には根本的に優劣があるという経験的な証拠に基づく似非《えせ》科学を元にした「科学的人種差別主義」が、アメリカの北部を中心に信じられるようになったことに力を得たのである。

南北戦争後に、北部を中心に人種差別が広がった理由の一つとして考えられるのが、黒人の北部への移住である。南部では、奴隷制度が消滅した後も、黒人は人種差別に苦しめられ、リンチを受けたり、殺害されたりした。このような状況に耐えられず、黒人が大量に北部へ転居したのである。

すると、初めて黒人を隣人に持った北部の人々は、南部の人々よりも、むしろひどい人種差別主義者になったのである。それは、北部と南部における黒人と接してきた歴史の違いにある。南部の人々は、奴隷制の時代から長い間、黒人が一人の人間であることを否定していたが、黒人を目にし、接することもあることから、その存在を人間として見ないことには矛盾がある、とどこかで分かっていたようだ。

しかし、北部では、黒人と付き合う経験や文化が非常に希薄で、彼らを理解している人の数も少なかった。また、混血の進んだ社会に住み慣れているスペイン系の移民が少なかったことも理由として考えられる。そして、畑で働く黒人奴隷を支配するのは白人である、と信じていた民主党の人種差別精神は、ここにきて、黒人を含むすべての有色人種の生殖活動を抑止し、断種さえも考慮に入れ、有色人種を支配することは、白人の避けられない義務だと考えるようになっていった。民主党人種差別精神は、ここまで「バージョンアップ」されたのである。

不思議なことに、民主党のこの変化は、一九世紀の後半から二〇世紀の初頭にかけて起こっており、ちょうどアメリカ合衆国が初めてアメリカ帝国になろうとしていた時期と重なる。この時期は、東海岸から西海岸までの広大なアメリカ帝国の開拓を推し進める開拓者たちが、アメリカ各地で先住民であるネイティブ・アメリカンと土地を巡って殺し合うと同時に、キューバ、フィリピン、グアムなどのアメリカ国外でも、白人のアメリカ人が非白人と接触する機会が増えていった頃でもあった。そして、有色人種との接触の機会が増えれば増えるほど、なぜか「白人の優越」を確信して、非白人の「未開性」を主張するアメリカ人も増えていった。

また当時、アメリカで自称エリート層を占めていたアングロ・サクソン系の人々は、白人と非白人とを同等に考えることは科学に対する冒瀆だと思っていた。彼らから見れば、当然、白人が優越であり、それに有色人種が挑戦するなど、許されるべきではなかったのである。科学的人種差別主義とアメリカの帝国主義とは、相互に影響し合い、力を強めていく関係にあった。

このような思想に関して、日本と関係の深い例を挙げてみよう。

第一次世界大戦終結後のパリ講和会議（一九一九―一九二〇）で、牧野伸顕《まきののぶあき》（一八六三―一九四九）を次席全権大使とする日本は、国際連盟委員会において「人種的差別撤廃提案」を出した。これは、国際連盟規約に人種差別の撤廃を明記するというものであった。当然可決されるべきだと思える提案だが、当時のアメリカ合衆国大統領ウッドロウ・ウィルソン（一八五六―一九二四）は、これに反対し、多数決ではなく全員賛成でなければ可決しないとして、日本のこの提案を否決した。彼は民主党の大統領で、科学的人種差別主義者であったため、有色人種に対する人種差別は撤廃せず維持したかったのである。

また、日本人という非白人が、まるで白人のように力強い国を築くことがどうしても許容できなかったのが、白人至上主義の民主党である。その証拠は明白だ。ウィルソン大統領の次に民主党の大統領になったのは、大日本帝国と戦争を勃発させる前から、日系人を強制収容所に入れることを具体的に企画し、一九四四年の第二回ケベック会議におけるハイドパークの密約で、日本への原子爆弾の投下を計画していたフランクリン・ルーズベルト大統領[23]（Franklin Delano Roosevelt 一八八二―一九四五）であり、大統領在職中に亡くなったルーズベルトの遺志を引き継いで、人類初の原子爆弾を一九四五年八月六日に広島に、その三日後の八月九日には、違うタイプの原子爆弾を長崎に投下するよう指示したハリー・トルーマン大統領（Harry S Truman 一八八四―一九七二）である。

このような人種差別に満ち満ちた民主党の根幹が、アメリカにおけるグローバリズムのルーツである。はっきり言えば、民主党が存在していなければ、現在のグローバリスト・エリートたちは、少なくともここまでアメリカにはびこってはいないだろう。

では、グローバリズムに直結する民主党は、彼らが今でもその存在を死守しようとしている中絶の拡大と具体的にどのように関わっているのだろうか。この疑問には、現代日米史の闇が答えてくれる。非白人である日本人の非戦闘員の頭上に二つの原子爆弾を投下して何十万人もの人々を殺傷し、それに歓喜した民主党と、今日でも、たくさんの赤ちゃんが、お母さんの子宮の中で殺されることを奨励してほくそ笑む民主党は、その精神においては同質なのである。

アメリカにおけるエリートたちの日本人に対する本心——「雑草人間」

アメリカは、人間が人間であることを否定することを非常に巧妙に行う技術をもっている。妊娠中絶を行うこともその一つだが、アメリカでよく使われる経口中絶薬、いわゆるピルのミフェプリストン（RU-486）の事も忘れてはならない。

この「薬」は、ＩＧファルベン・インダストリー（IG Farben）とルーツを共有する、フランスの製薬会社ルセル社（現在のルセル・ユクラフ社）が一九八〇年に発表したものである。このＩＧファルベン・インダストリーは、あらためて言うまでもないが、ナチスが強制収容所での大量殺戮に使用したとされる有毒ガス・ツィクロンＢ（Zyklon-B）を製造していた会社である。アメリカ食品医薬品局は、ナチスに協力した者たちの流れを受け継いだ会社の「薬」をアメリカ国内で販売することを承認したのである。

ピルのことだけではなく、アメリカ政府は、ナチスとの関わりが非常に深いと言っても過言ではない。大半のアメリカ人は、「アメリカは極悪非道の限りを尽くしたナチス・ドイツとの戦いに勝利を収めた」というアメリカ政府がつくり出してきた物語を信じているが、これは、ただのフィクションに過ぎない。

ペーパークリップ作戦（Operation Paperclip）では、第二次世界大戦末期から戦後にかけて、ドイツの科学者を多数渡米させている。その中には、工学者でロケット技術開発の先駆者であり、ナチス党員で親衛隊少佐であったヴェルナー・フォン・ブラウン博士もいた。アメリカ軍はドイツの研究施設に残されたフォン・ブラウンと彼のチームが開発した長距離弾道ミサイルのV‐2ロケットや部品、スペアパーツなどをアメリカに持ち帰って彼の研究をアメリカで引き継いでいる。フォン・ブラウンは、のちにアメリカで、人類を月面に送るアポロ計画においても重要な役割を担い、NASAの要職に就いていた。ペーパークリップ作戦の目的は、アメリカ政府がナチス・ドイツの科学者たちが持っていた知識やデータを手に入れるためであったのだ。

ホロコーストを指導した「医師」や、細菌戦の研究に関わった化学者など、本来であれば当然、戦犯として裁かれるべき人々をアメリカに招き、その経験と知識とをアメリカの利益のために利用したのである[24]。

アメリカは日本からも、例えば戦後、七三一部隊が所持していた知識やデータを手に入れている。これらは、後にアメリカでの生物化学兵器の開発に使用された。そして、実験に関わったとされる軍医たちは、戦犯として裁かれていないしアメリカにも招かれていない。アメリカのダブルスタンダードは、戦争で栄誉を守って戦ったドイツ軍、日本軍、アメリカ軍の兵士にとっては、屈辱そのものだ。

アメリカ政府がナチスに協力した科学者をアメリカに招いたことは、実は驚くには当たらない。なぜなら、彼らは白人だからだ。白人は他のどの人種よりも優れた存在であり、彼らの「落ち度」は許されるべき、とアメリカ政府は考えたからである。

パリ講和会議において、日本が提案した「人種的差別撤廃提案」を否決に導いたウッドロウ・ウィルソン大統領がＫＫＫの支持者であったことは、広く知られている。例えば彼は、一九一五年にホワイトハウスで、「アメリカ映画の父」と呼ばれるＤ・Ｗ・グリフィス監督（一八七五—一九四八）制作の、ＫＫＫを英雄的に描く映画『國民の創生』（Birth of a Nation）を、内閣閣僚など数人のために上映した。そして、この人種差別的な内容の映画がホワイトハウスで上映された初めての映画となったのである。しかし、ウィルソンだけが特別なわけではなく、このような感覚は当時の民主党では常識であった。

さらに、ウィルソンがまだまともに見えてしまうような人物がいる。

当時のアメリカ北部、特にインディアナ州で発達した、「劣等な遺伝子を避け、優良な遺伝子を残す目的で、配偶者の選択を科学的に研究する」という名目の「優生学」(eugenics)という疑似《ぎじ》科学(pseudo-science)を社会に浸透させていった、マーガレット・サンガー(Margaret Sanger 一八七九―一九六六)である。言うまでもないが、この優生学の考えは、のちにナチス・ドイツで人間を選別するのに利用され、数え切れないほどの犠牲者を出したホロコーストにも直結している。

サンガーは、優生学の唱道者で、産児制限の活動家である。彼女は、一九一六年にアメリカで初めての避妊クリニックを開設して、人口削減に本格的に取り掛かり、それが全米家族計画連盟へと発展した。彼女は、非白人の人口を抑えなければ、白人という「優生」人種がアメリカを含む全世界から駆逐されてしまうのではないのか、と非常に心配していた。当然のようにKKKとも深い関係を持っていたサンガーは、一九二六年には北部のニュージャージー州でKKKのための演説を行ったこともある。

サンガーの産児制限の思想は、日本にも非常に大きな影響を与えている。

サンガーは、日本のフェミニズムの先駆けとなる、当時は男爵夫人であった石本静枝（一八九七―二〇〇一のちの加藤シヅエ）とニューヨークで出会っている。その後、サンガーは、一九二二年（大正十一年）に招待を受けて初来日した。

内務省は、彼女が日本帝国内で産児制限の講演を行うことを禁止したが、医師など専門家のための講演は許可され、彼女の来日が日本での全国的な家族計画運動の発端となった。産児制限と有色人種の「ゆっくりとした根絶」を目指したサンガーは、その計画を日本にも持ち込んだのである。皮肉にも、彼女は日本での「功績」が認められ、一九六五年（昭和四十年）に勲三等宝冠章を受章している。

二〇世紀初頭には、医学の進歩や衛生状態の改善の結果、アメリカでも日本でも人口が急激に増加していた。当時、日本には海外へ移住する人も多数存在し、彼らの移住先の諸外国の多くが、人種差別からくるさまざまな社会問題を抱えていた。そして、移住しなければならないような、「余計な」人口をどうやって処理するかが国際的な問題になっていたのである。このような状況下、アメリカで共産主義の影響を受けた加藤シヅエをはじめとした日本のエリートの一部は、「優生学」によって日本人の数を「科学的に」コントロールし、日本人の人口増加を抑えたかった。なぜなら、人口が増えれば、日本国内で食糧の供給や就業数の問題が生じ、日本から海外へ移住していく数も当然増加するからだ。

日本の移民を受け入れていた代表的な国アメリカの白人支配者層たちは、日本人の移民が増加することには抵抗があり、それが日米間の政治問題につながりかねなかった。実際に、牧野伸顕の「人種的差別撤廃提案」が否決された時には、すでにアメリカやカナダでは日系人の排斥運動が起きていた。それは、アメリカの白人至上主義がさらに力を増していた時期でもあり、日本で始まった「避妊運動」の背景には、非白人である日本人移民がアメリカで歓迎されないという現実があったのだ。このように、大東亜戦争開戦のかなり以前から、日本人もアメリカの白人至上主義者のターゲットにされていたのである。

サンガーを「生涯の師」と仰いだ加藤シヅエは、社会状況や政治が主な動機で、日本人女性が出産する子供の数を制限させようと家族計画運動を進めていった[25]。しかし、サンガーの考えは違っていた。サンガーは、「望まれていない子供」の出生率を抑えたいと思っていたのである。

例えば、サンガーは一九二七年にアメリカの連邦最高裁判所が下した「バック対ベル訴訟」(Buck v. Bell) の判決を支持している。現在も偉大な判事の一人として尊敬されているオリバー・ウェンデル・ホームズ・ジュニア判事 (Oliver Wendell Holmes, Jr. 一八四一―

一九三五）は、この判決に際し、「国家は『国力を奪うもの』の繁殖を防ぐ必要がある」「社会は明白に病弱なものが種として存続することを防止することができる」としたが、[26]サンガーはこれに同意しているのである。

「バック対ベル訴訟」の「バック」とは、キャリー・バック（Carrie Buck）という女性の苗字だ。貧しいシングルマザーの家に生まれた彼女は、里子に出された。[27]その里親の家庭では、かわいがられるどころか召使同然に扱われ、そのうえ、里親の甥に強姦されて妊娠してしまった。[28]里親にとってこの事実は非常に恥ずべきことであり、甥がレイプしたことによる彼女の妊娠を隠すため、バックに知的障害があるという診断をもらい、無理やり「知的障害者のための学校」に入学させた。知的障害者の女性の子供も同じく知的障害者になるという思い込みや偏見があり、キャリーも、彼女の母親も「知的障害者」なのだから、キャリーから生まれてくる子供も当然「知的障害」があるだろうと考えられた。親子三代にわたって「知的障害者」になると判断されたのである。これを受けて、ホームズ・ジュニア判事は、判決文の中で「能無しは三代でもう十分だ」[29]と、極めて残酷なコメントを書いている。

しかし、キャリーは実際には「知的障害者」ではなかったようである。キャリー・バックの母親とキャリー自身、そしてその子供は、誰も「能無し」などではなく、これはキャリーに中絶手術を受けさせるための、全くのでっち上げだったのである。しかし、障害者と認定されてしまった彼女は、当時の法律によって、強制的に不妊手術を受けさせられてしまった。キャリーと彼女の赤ちゃんに、何か落ち度があったとでもいうのであろうか。

繰り返すが、優生学はアメリカ自称エリートのＤＮＡの一部である。

「お母さんになる資格のない」女性には、避妊手術を強制しても合法だとするサンガーの考え方は、後に台頭してくることになるナチス・ドイツの思想に近かった。彼らは、障害者に不妊手術を強制する「断種法」や、重度障害者への「安楽死政策」である「Ｔ４作戦」などの、優生思想に基づいたさまざまな政策を推し進めた。サンガーの最終的な目標は、白人の「人種的純粋さ」を守り、白人女性が白人男性との間に産む子供の数を増やすことであり、同時に、非白人の人口を減らして、白人と競争できないようにその力を弱めることだった。彼女は、有色人種の「ゆっくりとした根絶」を提唱した。日本でのターゲットは日本人であり、アメリカでのターゲットは黒人であった。

サンガーは、黒人の人口削減を実現するために、黒人の牧師などと連携して、黒人女性が「避妊」することによって産む子供の数を抑えるプロジェクトに携わった。彼女を手助けした黒人の牧師の目的は、出産数の止めどない増加が一因となっている、黒人共同体での貧困問題の解決だったと思われる。

しかし、サンガーの目的は黒人のジェノサイド（集団殺戮）であった。「黒人のため」と優しい顔をしながら、実は黒人の絶滅を企んでいたのである。彼女は、貧しい黒人のことや、優生学的な意味で彼女が「不適合者」とする人々を「生まれるべきではなかった人間」とか「雑草人間」（human weeds）だと表現している。[30] 非白人種や障害者が、人間であることまで否定していたのである。

このようなサンガーを「憧れの存在だ」「大いに賞賛する」と述べているのが、民主党のヒラリー・クリントン（一九四七―）だ。彼女は、サンガーの設立した団体の後身として設立された「プランド・ペアレントフッド」で、「マーガレット・サンガー賞」を受賞した。この「プランド・ペアレントフッド」のクリニックの七八％は、黒人やその他の有色人種の多く居住する地域にあり、彼らの人口削減を目的にしているのは明白である。また、この団体は、堕胎された胎児の臓器売買の内部告発や、中絶されず生まれてきた胎児を殺したという証言や、人工的に死産にされそうになったが生き残って成人した人たちのアメリカ議会での証言など、大きな闇を抱えていることも、ここに記しておきたい。[31]

読者の皆さんには、中絶反対活動家であるマーク・クラッチャーが二〇〇九年に製作した「マーファ21：二十一世紀アメリカでの黒人ジェノサイド」（Maafa21: Black Genocide in 21st-Century America）というドキュメンタリーを見ていただきたい。Maafaとは、スワヒリ語で「大惨事」[32]という意味であり、そこから転じて大西洋奴隷貿易のことを指すようになったもので、「黒人のホロコースト」の意味がある。黒人世界にとっての大惨事を題名にもつこのドキュメンタリーは、黒人の虐殺がどのようにして何世紀にもわたり行われてきたかを教えてくれる。

サンガーが提唱していた生々しい人種差別論と人口削減計画、そしてノーベル経済学賞を受賞し、福祉国家擁護論で著名なスウェーデンの経済学者グンナー・ミュルダール（Gunnar Myrdal 一八九八―一九八七）などの、白人自称エリートたちが持っていた黒人差別の数々を暴露しており、背筋が寒くなるような内容である。これを見れば、アメリカの白人支配層が、想像をはるかに超えるレベルで有色人種を見下していたか、どれだけ有色人種の人口を抑制し、できれば絶滅に追い込みたかったかがよく分かる。

そして、間接的ではあるにせよ、このドキュメンタリーは、白人エリートの巣窟であったアメリカ政府が、なぜ日本に対して二度にわたって原子爆弾を投下したのかを教えてくれている。

アメリカン・グローバリストの日本占領から今日まで

「グローバリスト」というのは、「地球市民」というような意味ではなく、国境やそれぞれの国の文化や経済を破壊することによって、少数の超エリートがそれぞれの国を「乗っ取りやすく」するのを推進している国家破壊主義者たちのことだ。[33]

イタリア人哲学者ジョルジョ・アガンベン（Giorgio Agamben　一九四二―）は、「ホモ・サケル」（homo sacer）[34]と言う概念について、後にホモ・サケル・プロジェクトと呼ばれるようになる政治をテーマにした全四巻九冊のシリーズを出版している。

ホモ・サケルとは、古代ローマ時代の特殊な囚人のことで、社会的な生を奪われ、生物学的な生しか持たない存在を指す。ホモ・サケルは、ある政治集団の中で、邪悪であると判断され、彼らを生贄《いけにえ》にすることはできないが、殺害しても殺人罪には問われない存在である。[35]完全な人間ではなく、「人間もどき」として扱われる。

ホモ・サケルの、ホモは人間の意味で、サケルは、英語の「sacred」の語源である。これは日本語に「聖なる」と訳されているが、この訳は、少しニュアンスが違う。英語の「sacred」は、どちらかと言うと、「別に分けられている、遠ざけられている、わざと外に置いてある、関わってはならない、触ってはならない存在」を意味する。神々に特別な扱いを受けている存在だから、人間はその人、生物、物質などに勝手に触ったりしてはならない、ということがこの言葉の背後にはある。

では、「ほとんど人間だけれども人間ではない殺しても良い存在」のホモ・サケルとはどういうことなのだろうか。人間はもともと、ジャングルなどのような場所に住み、非常にシンプルな生活をしていた。ところが、社会が複雑化し、町で暮らすようになってくると、政治の仕組みによって権力者が人間の生死を決める権力を持つようになる。社会の秩序ができたのである。

ホモ・サケルは神々に特別扱いされている存在（これが「サケル」の意味）と言われるが、ラテン語の「サケル」は日本語の「聖なる」の意味とはかなり違うと思う。

「神々に特別扱いされる」のは、必ずしもいいことではないからだ。神々は、よく人間に対して嫌がらせをして、理由なしに人間を迫害することも多いとされているからだ。同じように、ある社会の指導者は、神々のように、恣意的に自分の権力を振るうことがあると言えるだろう。王様や皇帝の判断によって、この人が生きる、この人が死ぬ、というそれぞれの運命が決められるわけだ。言い換えれば、ホモ・サケルはそのような権力がなければ、社会が成り立たない、無秩序の状態が永遠に続くという意識を表面化させる存在なのだ。

政治の始まりは、人の死生を決めることだ。支配するというのは、もともと「例外状態」であり、自分の意志によって社会の方向を勝手に決めることに匹敵するのだ。このような社会では、ホモ・サケルは、政治体制、つまり社会の始まりを象徴するものとして、非常にパワフルで恐ろしい存在となっている。

もし王や皇帝が、人間の生死を決めることができなければ、社会は崩壊してしまい、みんながまたジャングルの生活に戻らなければならない。しかし、王が人の生死を決定できるというのも恐ろしいことだ、というジレンマがあるとホモ・サケルは常に私たちに再確認させているわけだ。

二〇二一年に、カトリックに関する解説を掲載するアメリカの雑誌「New Oxford Review」に、私はホモ・サケルに関する論文を投稿し、雑誌の二つの号にわたって掲載された。

この論文の要旨は、ホモ・サケルという存在がなければ近現代社会も存在していないということと、ホモ・サケルが引き続き存在することの大切さを認識するべきであるということであった。現代のアメリカは、とりわけホモ・サケルの重要性を教えてくれていると思う。特にアメリカ政府には、ホモ・サケルが絶対に必要なのである。

かつての民主党のホモ・サケルは、黒人奴隷であった（アメリカの最初のホモ・サケルは先住民のネイティブ・アメリカン。現在の民主党のホモ・サケルは、黒人に加えて胎児とトランプ支持者と不法移民だ）。彼らは、一八六三年にリンカーンが奴隷解放宣言を発布し、一八六五年の南北戦争終結で「解放」されたと言われているが、その後一〇〇年以上の間、形こそ変化しているとはいえ、民主党から奴隷とほぼ変わらない状態でコントロールされ続けてきた。

その事例は数え切れないほどあるが、先にご紹介した（一〇六ページ）『ブラックアウト』の中に代表的な実例が紹介されている。それは、無実の黒人少年エメット・ティル（Emmett Till 一九四一―一九五五）が、筆舌に尽くしがたい方法で惨殺されたが、彼を殺した二人の白人男性は「無罪」になったというものである。ティルが黒人であったことが悪であり、殺害されても殺人者は罪には問われなかったのである。まさに、ティルはホモ・サケルであった。

しかし、一九六〇年代には、公民権運動のような、黒人の人権を守る動きがアメリカ社会に起こり以後、黒人たちは民主党にとって、徐々にホモ・サケルではなくなってきている。そこで、民主党は新しいホモ・サケルを探さなければならなくなったのである。彼らが見つけたのが、お母さんの胎内に宿っている赤ちゃんだ。そして、一九七三年に最高裁判所が、妊娠中絶を認める判決を出した瞬間、民主党は彼らにとって絶対に必要な新しいホモ・サケルを手に入れたのである。

しかし、忘れてはならないのは、民主党にはもう一つのホモ・サケルの存在があったことである。それは、日本人だ。

一九三〇年～四〇年代に、アメリカ政府内の白人の民主党員が、「日本人は『ほとんど人間だけれども、人間ではない殺してもよい存在』なのだ」と考えていたことは、誰も否定はできない。すでに帝国を築いていたアメリカだが、国外には黒人奴隷のような存在が十分に確保できなかったため、ホモ・サケルが必要となった時には、日本人にその役割を果たさせたのである。

このように、ホモ・サケルの視点から見てみると、ワシントンD.C.に巣食う白人たちがいかに人非人であるかということや、彼らが繰り返し日本人に対して行ってきた非人道的な行為の根本理由が理解できるのではないだろうか。

民主党のルーズベルト大統領のもとで、日本の多くの市民の命を奪う本土空襲を幾度も繰り返し、同じ民主党のトルーマン大統領の命令で投下された二つの原子爆弾もたいへん多くの日本人の尊い命を奪った。しかし、これらは、戦後にアメリカが奪った日本人の命に比較すれば、その数は少ないと言わなければならない。戦後、アメリカは妊娠中絶を日本に押し付け、それによって失われた日本人の命は考えるだけでも気の遠くなる数にのぼるからである。

これに関連して忘れてはならない人物は、戦後日本でGHQ公衆衛生福祉局長を務め、日本での中絶政策に関わっていたクロフォード・F・サムス（Crawford F. Sams 一九〇二―一九九四）だ。サムスは、食糧事情が悪い中でベビー・ブームが起きることは問題であるとして、一九四六年二月の記者会見で「産児制限だけが人口の増加を食い止める」とし、これを強く促す発言をしている。サムスが、日本での妊娠中絶の拡大を黙認したのは間違いないと思われている。

また、一般にはあまり知られていないことだが、戦後日本に進駐したアメリカは、保守的な自国では実施することができなかった数々の政策を、抵抗することができなくなっていた日本において実社会での実験として自由に実行した。妊娠中絶もその一つである。日本では、一八八〇年に堕胎罪が規定され一八八二年に有効となっており、例外を除いて妊娠中絶は違法となっていた[36]。しかし、アメリカ占領下の一九四八年、参議院議員で産婦人科医の谷口弥三郎（一八八三—一九六三）が「優生保護法」を国会に提案した。

谷口には、明らかに優生思想があったと指摘されているが、谷口の思惑がどうであったにせよ、優生保護法の採決後、日本は世界中から「中絶パラダイス」と呼ばれるようになってしまった。妊娠中絶がまだ違法であったアメリカからも、占領軍の指導の下で合法になった日本に、アメリカ女性が中絶手術を求めて来日した。

優生保護法は、日本を利用したアメリカ政府の社会学的な実験を目的として規定されただけではない。そこには、さらに大きな政治的、現実的な意味もあった。

例えば占領軍の兵士による日本人女性に対する強姦（一九四六年の初めに一日三〇〇件以上だったという研究がある[37]）の事実を隠すことであった。また、ソ連兵が、引き揚げていく日本人女性を強姦したことの「証拠」となる、生まれてくる赤ちゃんを消すためでもあったのだ（ソ連兵だけではなく、朝鮮人や中国人も、引き揚げようとする日本人を虐殺したり強姦したりしている）。もし、子供の容姿によって父親に疑問が持たれ、ソ連兵によるレイプの数とその事実が、日本に広く知れわたったら、アメリカが今度はソ連と戦わなければならないのではないかと恐れた可能性もあるとも言われている。

このように、さまざまな理由から、ＧＨＱは日本人女性が妊娠中絶を「簡単に」できるような仕組みづくりを強く推し進めていった可能性が極めて高いのである。戦後、外地から引き揚げてくる途中で、多くの日本人女性が強姦の被害者となった。たとえ命は助かったとしても、心身に負った傷は深かった。福岡県筑紫野市にある二日市保養所は、暴力によって性病に感染したり、妊娠した女性たちのためにつくられた[38]。この保養所で行われた中絶によって命を失った赤ちゃんたちのために、石碑と水子地蔵が建立されており、今も毎年、水子供養が行われている[39]。

日本人の人口を削減していく動きは、連合国軍最高司令官であったダグラス・マッカーサー（Douglas MacArthur 一八八〇―一九六四）が、アメリカに帰国した以降も続いた。アメリカのエリートたちが、さらに強力に遂行していったからである。

例えば、一九七四年一二月一〇日に、当時の大統領ジェラルド・フォード（一九一三―二〇〇六）の国家安全保障問題担当大統領補佐官であったヘンリー・キッシンジャー（一九二三―）が提出した「国家安全保障研究覚書２００（National Security Study Memorandum 200〈ＮＳＳＭ-２００〉）」には、それがよく表れている。アメリカでもほとんど知られていない「キッシンジャー報告書」と呼ばれるこの資料は、米国政府に警告を発する内容である。

キッシンジャーはここで、アメリカは海外の資源に依存するケースが増加しており、それらの資源を引き続き享受するためには、米国政府がそういった国々の人口を「管理」しなければならない、と主張しているのである。言うまでもないが、資料の中でリストアップされた国々はすべて非白人が住む国である。しかし、これだけで驚いてはいけない。キッシンジャー報告書は、決して特別なものではないからだ。例えば、一九六六年にアメリカ国務省が発表した、「人口成長と経済発展に関する資料[40]」の中には、「人類は地球の癌である」と明記してあるのだ。

このように、黒人や日本人をホモ・サケルとして扱ってきたアメリカの白人エリートたちは、今や人類すべてをホモ・サケルとして見るようになった。しかも、全世界の人口を「管理」しなければならない、または大幅に削減しなければならない、と思っていたのは、キッシンジャーや国務省のようなアメリカ政府内部の人間だけではないのである。

例えば、フランス人海洋学者でグローバリズム信者であったジャック＝イヴ・クストー（一九一〇－一九九七）は、一九九一年のユネスコのインタビュー記事の中で、「世界の人口を安定させるために、一日三五万人を削減しなければならない」とはっきり語っている[41]。

また、一九八〇年から二〇一五年まで中国共産党が強制中絶、強制的避妊手術なども含め冷酷に実行した、一組の夫婦につき子供は一人だけという「一人っ子政策」[42]があったが、この思想的基盤は「ローマクラブ」というシンクタンクにある。一九七〇年に正式に発足したローマクラブは、大幅な人口削減を進めるべきだという過激な思想を掲げている。その影響の大きさは、前述したキッシンジャーの提言、そしてクストーの発言を見ても明らかである。

一九七二年のローマクラブ第一回報告書「成長の限界」は、人口の増加で地球が破綻することは明白であり、その対策として世界規模の運動を起こすべきだ、という趣旨によって、注目を集めた。また一九九一年に発表された報告書「人類の共通の敵は人類だ」を見れば、グローバリストの本音がよく分かる。これはまさに、発足してから今日まで白人に牛耳られているアメリカ政府が、黒人やネイティブ・アメリカンなどの有色人種に対して行っていた強制的避妊手術が、有色人種削減政策の一環であることと重なっている。

ある統計によれば、一九七〇年から一九七六年まで、二五％から五〇％のネイティブ・アメリカンの女性は強制的に避妊手術を受けさせられたとある。(43) また、南部の農村地帯の黒人女性たちは、「ミシシッピ盲腸手術」と呼ばれる避妊手術を強制的に施されていた事実もある。白人グローバリストたちが、有色人種にもたらし続けている悲劇は、残酷なことに、長い歳月を通して、形を変えながら何度も繰り返されているのである。

ナイジェリア出身の女性で生物医学の専門家であるオビアヌジュ・エケオチャ（Obianuju Ekeocha）は、イギリス在住で、「研究、情報、教育を通じ、人命を守ることを目的としたカルチャー・ライフ・アフリカ」の創設者で人権活動家である。

彼女は二〇一八年に刊行した『ターゲット・アフリカ――二十一世紀のイデオロギー的新植民地主義（*Target Africa: Ideological Neocolonialism in the Twenty-first Century*）』の中で、これまでほとんど語られることのなかった欧米と、近年は欧米の精神を受け継ぐ中華人民共和国のグローバリストたちが、アフリカに及ぼしてきた影響力を暴き出している。

独立を勝ち取った後も、アフリカ諸国は経済的、政治的な問題を抱え続けているが、この状況は同時に、欧米諸国と中国から援助と救済を申し出る組織が後を絶たない状況も生み出してきた。当然、善意からの援助もあるが、エケオチャは、裕福で強大な組織が、人口抑制と削減、児童の性的搾取や児童婚などの性に関するイデオロギーを押し付けるために援助することもあると記している。

これらの援助は、アフリカの貧困や社会状況を巧みに利用して行われている。アフリカの国々は、西洋の価値観を受け入れなければ援助は受けられない、という非常に脆弱な立場に置かれているのが現状だ。アフリカはこのような形で西洋社会から再び植民地にされているのである。

エケオチャの考察にも、アフリカでの妊娠中絶は極めて大きい問題であると指摘されている。これに深く関連しているのが「メキシコシティ政策」、通称「グローバル・ギャグ・ルール Global Gag Rule（口封じの世界ルール）」と呼ばれるアメリカの開発協力政策である。[44] これは、一九八四年の国際人口会議で、当時の共和党のロナルド・レーガン大統領（一九一一―二〇〇四）が初めて署名したもので、「アメリカの資金援助を受けているNGOなどの団体は、たとえその国では合法でも、人工妊娠中絶に関する活動には一切関わらない」という規則で、民主党の大統領たちはこれに反対の立場を取っており、アメリカの資金援助を受けていても海外の国々で妊娠中絶に関わる活動ができるようにと、「メキシコシティ政策」には必ず反対の立場を取っている。

レーガン政権の後、一九九三年のクリントン政権で廃止され、二〇〇一年のブッシュ政権で復活し、二〇〇九年のオバマ政権でまた廃止され、二〇一七年のトランプ政権で復活し、二〇二一年のバイデン政権で廃止されるという、プロ・ライフを支持する共和党と、プロ・チョイスを支持する民主党による、オン・オフ政策になっている。

民主党は「メキシコシティ政策」の規制を取り除くことによって、国際保健のあらゆる分野の支援ができ、一見するとたくさんの命を救えるように見せかけている。しかし、実際に彼らが行っているのは、援助を必要としている人々から親になる機会を奪い、人口の削減を進めていることなのである。

民主党の強力な支持者であるマイクロソフト元会長のビル・ゲイツ（一九五五—）と彼の元妻のメリンダ（一九六四—）が二〇〇〇年に創設した、ビル&メリンダ・ゲイツ財団[45]は、世界最大の慈善基金団体で、病気や貧困に挑戦することを掲げている。しかし、この財団は、「メキシコシティ政策」に反対しており、人口削減計画の大きな原動力となっている。実際、数億円の寄付によって中絶手術や、ピルをはじめとする避妊方法の普及に取り組む組織を全面的に支持している[46]。

では、ビル&メリンダ・ゲイツ財団が具体的にどのような団体に寄付しているのであろうか？　例えば、国際家族計画連盟である。「メキシコシティ政策」に束縛されず、有色人種に対して妊娠中絶を行いたいと最も願っているであろうこの団体は、一九五二年に、インドのムンバイで、在米インド大使夫人ラマ・ラウ（一八九三―一九八七）と、全米家族計画連盟代表だったマーガレット・サンガーが創立したものである。

世界中で、家族計画の受け入れと促進を目指している国際家族計画連盟は、アメリカ国内の有色人種だけでなく、日本に対して行ったことと同様に、まずインドでも人口の削減を目指したのである。[47]　アメリカの白人エリートたちは、どうしても有色人種の「繁殖」を止めたいのだ。

今日のアメリカ最高裁判所と中絶問題

ここで紹介した数々の事実は、アメリカでは広く知られるようになりつつある。

この数年、黒人の保守的な評論家たちからよく耳にするのは、「民主党は中絶を使ってブラック・ジェノサイド（黒人の虐殺）をしている」という厳しい言葉だ。

先に登場した、アメリカ黒人女性であるキャンディス・オーウェンズさんも、アメリカ政府が黒人に対して行ってきたことは「ブラック・ジェノサイド」だと、歯に衣を着せぬ表現で政府を批判している。ここで、先に挙げたドキュメンタリー映画「マーファ21」の視聴をあらためて勧めたい。

「ブラック・ジェノサイド」という言葉による追及と批判は、実際に現場で起きていることを裏付けるものである。私はアメリカで、全米家族計画連盟が経営する中絶クリニックの前で祈ったことがある。このようなクリニックは、必ずと言ってもよいほどに、黒人やヒスパニックなど有色人種が多く居住しているところに存在している。これは偶然ではなく、サンガーの目的と民主党の狙いが、人々の目の前に中絶クリニックとして現れているだけである。「雑草人間」がアメリカに存在している限り、民主党は「ブラック・ジェノサイド」をやめるはずがないのである。

この章の冒頭で、アメリカで中絶に反対し、赤ちゃんの命とそのお母さんを救おうとしているプロ・ライフの活動家で、私の友人でもあるウィル・グッドマンを紹介した（八五ページ）。彼は、「ロー対ウェイド判決」が出た一九七三年以降のアメリカの中絶容認制度を「アメリカン・ホロコースト」と呼んでいる。この発言をアメリカの大手保守系サイト「ザ・アメリカン・コンサバティブ（The American Conservative）」で紹介したところ、大きな反響があった。[48] 彼の言っていることが大袈裟でもなんでもないことは、次の数字を見ていただければ理解してもらえるだろう。

一九七三年以来、アメリカでは少なくとも六千三百万人の胎児がお母さんの子宮の中で無残にも殺され、その切断されてバラバラになった小さな体は掃除機のような機械によって吸い出されて、捨てられたのである。この六千三百万人という数は、ナチスが大量虐殺したユダヤ人に対するホロコーストの十倍以上に当たる。まさにアメリカで起きた「ホロコースト」である。この「アメリカン・ホロコースト」に終わりはあるのだろうか。

このように、アメリカの闇の歴史を直視することは極めて重要であるが、その一部を見るだけでなく、闇に隠された歴史はこれだけではないことを知るべきだとも思う。アメリカの白人自称エリートが有色人種に対して犯した中絶という名の殺人は、一九七三年から始まったわけではないからである。ネイティブ・アメリカン、アメリカの黒人、インド人、そして、敗戦から現在に至るまでの日本人に対しても、非常に長い年月をかけ、妊娠中絶も含めた大量の人口削減計画を推し進めてきたことは、不都合な歴史の事実とはいえ、真実である。

二〇二二年にアメリカ連邦最高裁判所が、一九七三年に出された「ロー対ウエード判決」を覆した。しかし、アメリカが日本も含めた全世界の非白人に対して犯してきた大罪を無視し続けるのであれば、アメリカの闇の歴史を忖度なく暴かねばならない。その罪を認め、反省し、改善に努めるのでなければ、アメリカに正義があるとは決して言えないのである。

ここ日本にも、プロ・ライフの仲間が多く存在しており、毎年七月の「海の日」（つまり、「産み」の日）に、都内でマーチ・フォー・ライフ（命のための行進）という名の行事を行っている。これはアメリカでも紹介され、アメリカからも日本のプロ・ライフの活動を応援する声が届いている。私がアメリカなどのメディアで紹介するたびに、興味を持っている人々からメッセージを受け取る。彼らは、プロ・ライフに賛同し、日本での活動のことをもっと知りたい、私も参加したいと援助を申し出てくれている。アメリカにも心ある人々が存在していると思うと、少し救われる気がする瞬間である。

一方、懸念している事もある。

もし、アメリカで妊娠中絶が一部の州で違法だということになったら、中絶手術を受ける在日アメリカ人女性（例えば留学生、米軍基地に滞在する女性、日本で働いている女性、旅行中の女性など）が増えるのではないか、ということである。これは、戦後、日本がGH

Qからの圧力で妊娠中絶を認めざるを得なかった時に、当時は中絶が違法だったアメリカから、中絶を求めて来日したアメリカ人女性が、多数存在した事実と重なって見える。戦後は、それでも大きな問題にはならなかったかもしれないが、現代では外交問題になる可能性がないとは断言できないのではないだろうか。そして日本人も少しずつだが、安易な中絶手術によって、本来なら生まれてくるべき日本の人口をどれだけ奪われているかに気がつくようになっている。

少子化が日々深刻になっている日本でも、中絶に反対している人は増加傾向にあるのかもしれない。日本人はあまり気にしていないように見えるし、表面には現れていないが、本当は日本でも中絶は大きな社会問題なのではないだろうか。

アメリカは、以前にも「人間の定義」を巡って南北戦争という内戦をした国だということを忘れてはならないと強調しておきたい。約一七〇年前に、「ドレッド・スコット対サンフォード判決」によって、黒人は一人の自由な人間だと認めなかった最高裁判所に対して、北部の世論が沸騰し、結局、内戦にまで発展した歴史を持つのがアメリカである。現在、アメリカが衰退し始めているのは明らかではあるが、それでもまだアメリカが非常に強力な国であることは間違いない。その大国アメリカのアキレス腱は、意外にも人種問題そのものではなく、その下に潜んでいる「人間の定義問題」なのである。

一九七三年の「ロー対ウェイド判決」以来、人間であると認めていなかった存在を、二〇二二年に連邦最高裁判所が急に人間だと認めたことによって、アメリカがまた「人間の定義」を巡って大混乱に陥り、内戦にまで発展する可能性も十分にあり得るのだ。

もしそうなれば、その混乱を中国が座視するはずはない。

いや、すでに見えないところでは、アメリカの内戦を煽る工作が進んでいるのかもしれない。そして、その結果として、アメリカが日本に約束している安全保障は、事実上無効になってしまう可能性は大である。分裂した国家が、他の国家の危機だからといって、また、同盟国だからといって、すぐに援助の手を差し伸べるだろうか。

おそらく、アメリカはあらゆる「説明という名の言い訳」をして、日本を守るために中国と戦火を交えることは避けるだろう。中絶問題が二つに引き裂いたために、アメリカという唯一無二の後ろ盾を失いつつある日本は、中華思想を掲げ、覇権を拡大しようとする中国に喰い荒らされ飲み込まれないよう、今すぐに、自国を守ることを念頭にした自立のための計画をたてるべきである。

さらに言えば、道徳のフィルターを通して見てみると、日本は、深く暗い闇の部分を隠し持つワシントンD.C.が操っているアメリカには「もったいない」存在であり、アメリカが日本の同盟国として相応しくないということが見えてくるのである。

ここで私は、有色人種虐殺、胎児虐殺、優生学、民主党精神、ナチス・ドイツと実は深い関係にあったアメリカ政府と縁を切る準備をして、美しい文化を誇る日本として再出発してくださることを願うばかりである。

第3章

グローバリストに背を向けた新日米関係を創造しよう

「アメリカ・ファースト」の本当の意味

反グローバリストで有名な共和党の第四十五代アメリカ大統領ドナルド・J・トランプ（一九四六―）が政権を握ったのは、二〇一七年から二〇二一年の四年間であったが、政権末期でも政権が終わっても、グローバリストは活発に活動していた。

トランプ大統領が二〇一七年に離脱を表明した「TPP（環太平洋パートナーシップ）に戻るべきだ」とか、「アメリカ・ファーストは、いい加減にしよう」などと呼びかける日米のグローバリストたちは、トランプ政権の四年間の意味が、きちんと分かっていないようだ。

グローバリストを真正面から猛撃する、トランプ大統領の最も有名なスローガンが二つある。「アメリカ・ファースト（アメリカを優先）」と「メイク・アメリカ・グレイト・アゲイン（アメリカを再び偉大に）」だ。これらの言葉は有名になったが、アメリカ国内をはじめ日本でも世界でも、その意味するところは、誤解されていた気がする。例えば日米両国では、「アメリカ・ファースト」という、大統領選挙のかなり前からトランプ候補が繰り返すこの言葉を、アメリカを最優先に考え、他の国はどうでもよいと捉え、そこから日米同盟を撤回するという意味合いを持つかのように受け取った政治家や評論家が多かった。しかし、トランプが言いたかったのは、そのような意味ではない。

彼は、政治家になる前にビジネスの世界で数十年のキャリアを持っているが、彼の主張はその頃から変わっていないし、大統領選挙中も、大統領になってからも変わらなかった。

彼が言っていることは非常に簡単で、「ワシントンD.C.のごく少数のエリートたちは、常に自分たちを優先していて、一般のアメリカ人を見捨てているが、本当は、彼らエリートが見捨てられるべきで、アメリカでは普通のアメリカ人が優先されるべきだ」ということである。だから、「アメリカ・ファースト」は、「ジャパン・セカンド」という意味ではないのだ。「アメリカ・ファースト」とは、アメリカ政府はアメリカ人のために、一般アメリカ人の国益を最優先しようという意味であって、他の国と直接の関係はない話なのである。(1)

例えばグローバリズムを唱えて、ワシントンD.C.に集まるエリートたちの利益だけが念頭にあるアメリカ大統領とされているジョー・バイデンは、民主党を代表するような人物である。(2)しかし、民主党は過去には、グローバリズムの拡大に反対していた。コストダウンばかりが叫ばれて、多くの仕事が中国に奪われたのを見ても分かるように、グローバリストがアメリカにもたらしたダメージがあまりにも大きく、アメリカ国民はグローバリズムの拡大を抑えたがっていたからである。しかし、今や堂々とグローバリストのために存在する党であると虚しく自慢する民主党であるが、本来ならグローバリズムを止める政策を進めるべきである。しかし、バイデン政権は、中国共産党が司るグローバリズムの仕組みの中の一つの党という存在に過ぎなくなっている。グローバリストは、アメリカ人である前にグローバリストなのである。そして、彼らはアメリカ人を見捨てて、共産主義の国のために働いているのである。

ここで注意しておきたいのは、「アメリカ・ファースト」路線が、外交安全保障政策と全く関係がないわけではないという部分である。確かにトランプは、世界各地の米軍基地を閉鎖して兵士たちを帰国させたいと明言していたが、これはアメリカだけの安全保障の問題ではなく、多くの国々に影響がある話だからだ。彼のこの意向は、特に日本の米軍基地のことだけを言っていたのではなかった。「アメリカ・ファースト」には、アメリカはもう世界の警察、世界の傭兵ではない、ということをはっきりさせる意味も持っていたのである。他の国の国民の代わりに、アメリカ軍人が死ぬべきではない、ということである

（トランプ政権の前にも、オバマ元大統領は、「アメリカはもう世界の警察官ではない」と宣言していた）。

興味深いのは、「アメリカ・ファースト」が、このメッセージを日本に対する脅しであると受け取る、日本側の政治家や評論家の考え方を明らかにしたことである。特に安全保障に関して、アメリカに依存し続けることは日本のエリート層の病のようになっており、戦後の日本政治は日米同盟を軸として進んできたが、永田町や霞が関の住人たちは、この選択を恥だとは感じていないように見える。「アメリカ・ファースト」は、間接的に日本と関わりがあることは事実であるが、日本の政治家の一部がそれを日本に対する直接のメッセージと捉えたのは、どれだけ日本が戦後から現在に至るまで、アメリカの軍事力に頼り切ってきたかを表している。

そもそもトランプが言っているのは、ワシントンD.C.のエリート・グローバリストたちから権力を奪還し、アメリカ人のためのアメリカを復活させたい、ということなのである。

トランプ効果

トランプ大統領が就任中の四年間で、もう一つ明らかにしてくれたのは、アメリカ共和党も民主党と大きな違いはなかったということである。共和党も民主党も、結局は、グローバリストの巣窟に過ぎない存在に成り下がっているのがはっきりしたのである。一九六〇年代から一九七〇年代に政権を取った、共和党出身のリチャード・ニクソン大統領（一九一三―一九九四）やロナルド・レーガン大統領（一九一一―二〇〇四）の時代には、グローバリズムがすでに共和党を侵食していた。民主党のリンドン・ジョンソン大統領（一九〇八―一九七三）が取ったニューディールのような政策を受け入れ、社会民主主義的な思想を持ち、アメリカ帝国を崇拝していたニュー・ディーラーと呼ばれる人々の考えが「保守派」だと認定されるまでになっていったのである。

一九六五年にジョンソン大統領が打ち出した「偉大な社会（Great Society）政策」を、演説で攻撃したことが知られているレーガン大統領だが、実は彼の政策が「偉大な社会政策」を救ったと主張する評論家もいるくらいだ。

アメリカの代表的な「保守系」雑誌、「ナショナル・レビュー」も、ジョンソンや彼の前の大統領で彼のヒーローだったルーズベルト大統領の政策を肯定的に受け取っている例がたくさんある。要するに、アメリカで「保守派」を代弁すると思われている共和党も、その実態はただ単にリベラルの集団に過ぎないということである。しかし、トランプ大統領は、このアメリカ偽保守派の真実を暴いてくれた。共和党内のグローバリスト退治は、トランプ政権の四年間でかなり進んだと言えるからである。そして、保守派のアメリカ人たちは、もう共和党が空殻《あきがら》になっていると分かってしまったのだ。

トランプ政権の四年間で、日本も大きく変わってきた。

市井の日本人が大きな声で、国内のグローバリストに対して物申すようになったが、私はこれを大歓迎している。例えば、尖閣諸島を奪い取ってやろうと計画し、毎日のようにその水域に姿を現す中国海警局の船を送り込んでくる中華人民共和国の指導者で、今や独裁者となった習近平（一九五三―）を「国賓」として招待しようとしている日本のグローバリスト政治家たちに危機を感じている日本人は、増加したに違いない。

日本に対してのトランプ効果も大きかったようで、全人類をその支配下に置こうと画策する共産主義者たちの支配する国に立ち向かうための準備をしている愛国者が誕生した。

日本人が「グローバリスト」の存在と彼らの本当の顔を知ることができたのは、トランプ大統領のおかげだと思う。

この意味で、トランプ政権後に起こったアメリカ国内の分断の中に、日米関係の改善にとって大きな変革が訪れる可能性が潜んでいる。アメリカの本物の保守系の人々が、ワシントンD.C.のグローバリストたちから離れれば離れるほど、同じようにグローバリストを拒否する愛国者である日本の保守派の人々と足並みを揃えることができるからである。アメリカの分断は、アメリカと日本の本物の保守派が近づき、お互いを理解していくのに大きく貢献しているのである。

グローバリストと共産主義者は同じ穴のムジナ

日本語では、国連と翻訳されているが、英語では、United Nations（連合国）と呼ばれるUNは、その名の通り、第二次世界大戦の戦勝国が実権を握ってきた組織である。

しかし、今では、枢軸国に対する連合国ではなく、グローバリスト連合が隠れ蓑と化している。だから、現在の「国連」=「グローバリスト」の姿を通して、第二次世界大戦の連合国の姿がはっきり見て取れる。トランプ大統領は、二〇一九年九月二四日に国連の総会で一般討論演説を行った。トランプはその討論演説の中で、はっきりとグローバリズムを非難した。

　あなたがたが自由を欲するならば、祖国を誇りに思いなさい。民主主義を欲するならば、あなたがたの主権を大切にしなさい。平和を欲するならば、祖国を愛しなさい。賢明なる指導者たちはいつも自国民の善と自国を第一に考えます。未来はグローバリストたちのものではありません。愛国者たちのものなのです。主権をもち独立した国々こそ、未来を有するのです。なぜならば、このような国々こそ自国民を守り、隣国を尊重し、そして各々の国を特別で唯一無二の存在にしている差異というものに敬意を払うからです。(3)

トランプ政権の四年間の意味は、この発言の中に凝縮されている。アメリカでも日本でも、グローバリズムに対する懸念が高まっている事は、大きなトランプ効果だと言えよう。

その一方、グローバリズムに良いイメージを抱いている人々が、日米両国に存在するのも事実である。地球全体を一つの共同体として、全人類の統一を目指すのが、グローバリズムであり、国境のない、開かれた世界を目指すグローバリストたちを、何ゆえに否定的に考えるのか、どこが悪いのか、と。

いずれにせよ私たち人間は、地球（グローブ）に住んでいるのであるが、「地球全体のため」「世界を一つにするため」であると、美しい言葉で飾り、いかにもよいことのような仮面をかぶっているグローバリズムは、決して全人類のためになっていない。グローバリズムはグローバリストのために存在しているからである。グローバリストは、自分たちの利益のために、グローブ、つまり地球を所有し、使用し、人々を支配したいのである。

彼らは社会主義や共産主義と同様のやり方を使う。社会を混乱に陥れるイデオロギーを世界全体に押し付け、不安定化した社会をうまく利用して、グローバリストのリーダー数人だけが巨大な権力を手に入れ、彼らがすべてをコントロールするのが、グローバリストが理想とするグローバリズムなのである。

しかし、多くの人々は、このようなグローバリストの本音に気づいていない。そのために、グローバリストの危険なイデオロギーを知らないまま、善意で彼らの悪行に加担してしまうことも珍しくないのである。

日本では、レジ袋が二〇二〇年七月一日から有料になった。人々は、エコバッグを持参することを奨励され、レジ袋の利用は一気に減った。これは、長期的な意識改革のために実施されたものであるが、素材も工夫されていたレジ袋が果たしてどれほど自然を破壊していたのかは疑問である。(4)

ほとんどの人は、「持続可能な開発目標」とは、具体的に何を意味するのかよく分からないのではないだろうか。ただ、自然を守るという響きが良く、メディアもセレブもこの言葉を唱えるので、自分も「持続可能な開発目標」に貢献しよう、と行動する人が大半のようだ。

ここで、「持続可能な開発目標」とはいったい何なのか調査してみよう。

まず驚くのは、二〇一二年に開催された「リオ＋20」とも呼ばれる「国連持続可能な開発会議」の事務局長は、なんと中国共産党員、ということは言うまでもなく反日の沙祖《シャズ》康《カン》（一九四七―）と言う人物だ。沙は、一九八九年の天安門事件で市民や学生に対する大虐殺を指揮した迟浩田《ちこうでん》将軍（一九二九―）に、「世界平和賞」を授けた当人でもある。

「持続可能な開発目標」と中国共産党の中枢と、どのような関係があるのか、全くピンとこないという人も多いと思うが、中国共産党やアメリカをはじめとした世界各地に存在する「エリート」のグローバリストたちが、世界をコントロールする「方便」の一つとして利用しているのが「持続可能な開発目標」なのだから、中国共産党幹部が深く関わっていても何の不思議もないのである。

グローバリズムという響きだけを聞くと、国による争いを避けて地球規模でより良い世界を目指しているように聞こえるかもしれないが、それも彼らの意図的な印象操作である。グローバリズムは、国のためでも、地球のためでもない。数人のグローバリストの権力のために存在しているのである。

しかし、我々はグローバリストの望むように生きることなど不可能だ。彼らのイデオロギーのため、数人の利益のために生きることなど無理に決まっているのである。

我々人間は、複雑な生き物で、「持続可能な開発目標」のようなプロパガンダを人生の軸にしようとしても、次第に生きていく意味を感じられなくなり、人間らしさを失う可能性が高いのだ。

フランスの哲学者エティエンヌ・ジルソン（Etienne Gilson 一八八四―一九七八）が教えた通りで、人間は、人間らしくしか行動できないのである。だから、人間が人間らしく考えるしかできないのも当然である。そして、私たちは人間であるのだから、常に人間の社会の構造と特徴を心に留めて物事を考えなければならないのである。我々は、神ではないからだ。このことを忘れるべきではない。

「人間は神ではない」という視点から見てみれば、グローバリズムと共産主義との類似性が見えてくる。それは、両方とも抽象的過ぎるということである。

共産主義は、天国から降りてきた神の教えではない。人間がつくった、人間の生きる現実の社会から生まれた思想だ。この思想は、プロイセン出身の哲学者で革命家のカール・マルクス（一八一八―一八八三）や同じくプロイセン出身の政治思想家で革命家のフリードリッヒ・エンゲルス（一八二〇―一八九五）が発展させた。

彼らのような共産主義第一世代は、抽象的概念、つまりマルクスがヘーゲルからくすねた「弁証論」を唯物論モードに切り替え、有産階級と無産階級がアポカリプス的戦い（最終戦争）をしてから全世界が平和でいられるという経済的宗教（共産主義）のため、人間の死を認める人々が大半である。特にマルクスは、人間として到底良い人だったとはいえず、決して他の人間を大切にするタイプの人でもなかった。[5] 彼は、エブラハム・リンカーン・アメリカ大統領（一八〇九―一八六五）が南北戦争中の一八六四年に大統領に再選された時に、リンカーン宛に国際労働者協会を代表して祝いの手紙を書いた。その中で、

「奴隷制に死を、があなたの再選の勝利の標語です」と述べた事実により、マルクスは人間性を大事にし、自由を重んじる人であったと左翼は主張するが、事実は全く逆である。

マルクスがなくしたいと思っていたのは、アメリカの従来の農業に基づいていた奴隷制度であり、人間の自由と平等のためにアメリカの奴隷制度の撤廃を支持していたわけではないのである。彼は、アメリカの黒人奴隷が農地で働く奴隷制度の代わりに、黒人も白人も含めた人々が、奴隷のように工場で働く新しい奴隷制度を築きたかっただけなのだ。つまり、社会主義や共産主義とは、モダン化された奴隷制度なのである。

現実にマルクスが成し遂げようとしていたのは、全世界の人々のためではなく、ただただ腐りきっていた（とマルクスは思っていたし本人もそのうちの一人だった）有産階級を破壊して、急進的で過激なヨーロッパのインテリ層を支配階級の座に座らせることであった。

ここで二〇世紀初めに起きた、ロシア革命前後の世界情勢を思い出してみよう。まず、大英帝国の勢力は下り坂に入っていたということだ。

第一次世界大戦（一九一四―一九一八）の最中には、イギリスが膨大な出資をしながら全世界を包み込むように覇権を握りつつあったが、これに継続性がないことは明らかだった。そこで、次に誰が世界の覇権を手に入れるのかが大きな疑問になっていた。ドイツと日本は、ヨーロッパと極東で強国としての地位に満足していたのに対して、ロシア革命後に誕生したソ連と、南北戦争を経てリンカーン大統領が、マルクスの応援を受けながら新しくつくり出したアメリカ帝国は、全世界で覇権を握ることを本気で狙っていたと言える。

先日、ニュー・ヨーク大学で日本史の准教授を勤めているタチアナ・リンコーヴァ（Tatiana Linkhoeva）が書いた『東進する革命──大日本帝国とソビエト共産主義』（*Revolution Goes East: Imperial Japan and Soviet Communism*）という英語で書かれた本を書評した。共産主義の台頭が、いかに帝国日本の国家形成に影響を与えたかを世界的視点から見て解説した本である。

リンコーヴァは、日本の反共産主義は、そのイデオロギーに反対するというよりも、国の安定のための地政学的利益に基づいていたと指摘している。そして、ソビエト共産党が日本共産党に、ある程度の権限を与えたいと思っていた、と考えている人が多いようだが、歴史の事実はその逆だったと言える。

各国の共産党や共産主義者たちは、モスクワにあった国際共産主義運動の指導組織コミンテルンから発信される命令を受け取り、コミンテルンのためにそれを実行する「支店」のような存在に過ぎなかったのである。

ドイツ人リヒャルト・ゾルゲ（一八九五―一九四四）を中心としたソ連のスパイ組織が、日本国内で活動していたことが発覚し、一九四一年から翌四二年にかけて逮捕者を出した「ゾルゲ事件」を見てみれば、それがよく分かる。ゾルゲの任務は、日本とドイツを裏切り、この二か国の対ソ参戦の情報を探ることで、あくまでもソ連を有利な立場に立たせることだった。オーエン・マシューズの著書の題名『非の打ち所のないスパイ――リハルト・ゾルゲ、スターリンの熟練工作員（Owen Matthews, *An Impeccable Spy: Richard Sorge, Stalin's Master Agent*）』もゾルゲが何者であったのかを物語っている。

この本の書評をされた、ロシア専門家で元防衛大学校教授の瀧澤一郎氏（一九三九―）がご指摘されている通り、イギリス出身であのジェームス・ボンドも所属しているというイギリス秘密情報部（ＭＩ６）で働いていたにもかかわらず、コミンテルンのために自国を裏切った工作員キム・フィルビー（一九一二―一九八八）もゾルゲを礼賛していた。(6)

ソ連から見れば、ドイツは本当のライバルではなかったと言える。ドイツは強靭な力を所持しヨーロッパでも強国だったが、自信過剰に陥ってソ連を侮っていた。一九四一年から一九四四年にかけての八七二日にわたるレニングラード包囲戦を見れば、それが分かるのではないだろうか。多くの餓死者を出しながらも、レニングラードは包囲に耐え抜いたのである。ドイツでさえも、これが極めて愚かな戦争計画だったと認めざるを得ないだろう。そう考えると、日露戦争（一九〇四―一九〇五）でロシアに勝利した日本が、ソ連にとっては身近に存在する本物のライバルであったことが分かる。

その日本が、第二次世界大戦でソ連の「同盟国」であるアメリカに敗北してしまったからこそ、ソ連帝国がもう一つの帝国アメリカと対決することができたのである。

日本の異なる挑戦

アメリカとソ連が連合国として手を取り合いながらも世界の制覇を争い、ナチス・ドイツが民族浄化やジェノサイドを推し進めていた時、日本は全く逆に、虐げられた人々の解放のために動いていた。欧米植民地の解放、白人に何世紀にもわたって迫害を受けてきた非白人の解放。日本は自分の身を犠牲にしてまで、白人支配の世界と戦う事を選んだのである。(7) 終戦後も外地に残り、植民地であるその地が欧米から独立を勝ち取るための戦いを指導したり、参戦したりした日本の兵士が多く存在していたこともこれを物語っている。

結果として、植民地制度が総崩れになった。アジアだけを見ても、第二次世界大戦後に独立を勝ち取った植民地は次の通りである。

一九四六年（昭和二十一年）にフィリピンが　アメリカから
一九四七年（昭和二十二年）にインドが　イギリスから
一九四八年（昭和二十三年）にビルマ（現ミャンマー）が　イギリスから
一九四九年（昭和二十四年）にインドネシアが　オランダから
一九四九年（昭和二十四年）にラオスが　フランスから
一九五三年（昭和二十八年）にカンボジアが　フランスから
一九五四年（昭和二十九年）にベトナムが　フランスから
一九六三年（昭和三十八年）にマレーシアが　イギリスから
一九六四年（昭和三十九年）にシンガポールが　イギリスから

この一覧表を見れば、アジアの大半の国が欧米の植民地にされていたことも分かる。(8)
これらの国々が独立してから半世紀以上を経た今、アジアにたくさんの独立国が存在していることが当たり前になっており、意識することは少ないと思う。しかし、大日本帝国の成したこの偉大な功績は、世界史の中に刻み込まれるとともに、人類は過ちを正すこともできるのだという、人間の誇りとして記憶に留まり続けるべきである。

このように、日本がアジアで達成したことをあらためて考え、共産主義者や、欧米白人社会の人種差別主義者が世界に行ってきたこととを比較してみれば、日本の真意は彼らとは真逆であったということがよく分かる。日本は、アジアに自由と独立をもたらそうとし、それを成し遂げたのである。

二〇一七年一二月に、中央アジアが専門の歴史学者の宮脇淳子氏（一九五二―）が、満洲史とモンゴル史が専門である岡田英弘氏（一九三一―二〇一七）による監修を受けて『日本人が知らない満洲国の事実――封印された歴史と日本の貢献』（扶桑社新書）[9]を出版した。彼女はこの本の中で、世界史的な視点から大陸の歴史を検証し、大日本帝国がアジアで何を行おうとしていたのかを説明している。二五八ページから始まる「植民地とは？」という項は非常に面白い。まず宮脇氏と岡田氏は、植民地の歴史、つまりヨーロッパ各国が、非ヨーロッパ各地に対して行ったことの歴史を描写する。そして、こう続ける。

そもそもヨーロッパ列強の植民地は、本国政府の憲法や諸法令が原則として施行されず、宗主国に付属するかたちで、住民は政治的に抑圧支配されていました。

これに比べて、日本は、東南アジアで現地の有力者などがのちに独立できるように教育しています。それが、大東亜共栄圏の理想であり、聖戦だったのですから。

また、朝鮮や台湾は日本領だったので、現地の人も日本人として扱っていました。小学校や病院をつくり、衛生状態もよく、日本と同じような生活ができるように多くの投資がなされました。満州国は日本が大きな発言権を持っていましたが、独自の政府や法律を持っていました。

これらを植民地と言えますか。意味が違っているでしょう。植民地という言葉を使うとき、多くの場合、帝国主義とセットにして、悪口として使っています。それは左翼的な物言いで、たとえばアメリカに住んでいる人は、自分たちは帝国主義という言葉を使いません。天皇制という言葉も、同じようにコミンテルンがつくったマルクス主義の言葉です。そもそも日本の天皇は制度ではありません。（二六一〜二六二ページ）

これに対して、アメリカも含めた西洋諸国は、植民地主義に助けられた帝国主義という形で非常にいびつな発展をした。これを表すのには、アメリカの進歩的保守系（これは矛盾そのものであるが、アメリカの「保守系」とはそういうものだ）雑誌「ナショナル・レヴュー」の二〇一三年の記事引用が相応しいと思う。

イスラエルの保守系政治思想家ユヴァル・レヴィン（Yuval Levin 一九七七―）の本[10]の、アイルランドの社会政治思想家で「保守主義の父」と呼ばれるエドマンド・バーク（Edmund Burke 一七二九―一七九七）とイギリス生まれのアメリカの思想家トマス・ペイン（Thomas Paine 一七三七―一八〇九）について書かれた部分だ。

レヴィンの現在の「左派」と「右派」の違いの源についての記述部分で「バークは現在と過去は関係を保ちながら未来を拓き、社会が少しずつ前進するとするが、ペインは啓蒙主義の誕生以前のすべてを否定するべきで、政治というのは、啓蒙主義者が『発見』した『原理』を適用するためにある」としている[11]。

ペインの考えは、啓蒙思想そのものだ。そして誰が啓蒙主義者なのか、誰が啓蒙主義を理解しているのか。それは、まさにヨーロッパの人々であり、さらに的確に言うならば、白人エリートということである。少しずつ自分の社会を改善するのはバーク、というよりも普通の人間の考え方だ。それに対して、自分は理解したので世界中の人に理解させてやる、というのが啓蒙思想なのだ。こういう発想がヨーロッパの植民地主義、それから、そこに発展したグローバリズムのルーツである。

ドイツ文学者で評論家の西尾幹二（一九三五―）の書いた『国民の歴史』（一九九九年、扶桑社〈新しい歴史教科書をつくる会編集〉）の中にも記されており（三六三ページ）、他の数多くの日本語そして日本語以外の言語で書かれた歴史を扱った書籍にもあるように、ヨーロッパは啓蒙思想が誕生した時から、全世界を自分たちのものとして見ていたのだ。

しかし日本では、このように過去と分裂する意識がなかった。

リベラル主義、共産主義、全体主義、社会主義などに散見するような、人間を完璧な存在だと考えるところからスタートする思想が日本にはないのである。人間はあくまで人間であるという謙虚さが、日本には存在している。だから、歴史家の田中英道氏（一九四二―）が二〇一七年に発表された著書の題名の通り、「日本人にリベラリズムは必要ない。」ということにもつながっていく。[12] 日本はアジアで、非常に人間らしい政治を行い、アジアの植民地諸国を宗主国から独立することを可能にしたことは、もっと認識されるべきだ。前述したフランス哲学者ジルソンも、「人間は人間らしくしか行動できず、人間らしくしか考えられない」と言っている。その通りだと思う。

しかし、人間には自分の知らないこと、経験のないことを肌感覚で分かることは難しいのだ。だからこそ欧米人、とりわけ北アメリカの「学者」を名乗る人々には、日本がとった行動が全く理解できないのだと思う。理解できないことを理解しないままに、日本を評価することに問題があるのだが、これを正していく事が果たして可能なのか、考えさせられる事があったので、ここで、それについて述べてみたい。

二〇二二年の初め、英語の学術雑誌に、日本について英文で書かれた本を書評した。これは、日本の思想史に関する本で、特に戦前、戦中の日本で見られた「転向」という概念に焦点を当てている。(13)「転向」は、英語で書かれている歴史関連の本の中では、非常に暗い意味を持つ言葉という認識が固定化している。大日本帝国が「ファシズム」を推し進める中で、思想が違う者を暴力を含むあらゆる手段で無理やり「転向」させたことを背景に持つ言葉となっているからである。

しかし、この本を読んでいると、「転向」は、ファシズムどころか、慈悲深い意味があるのだと分かるようになった。囚人となった人物が「転向」するように説得していたのは、僧侶などをはじめとして、洗脳や不幸な生い立ちなど精神面を心配していた人物が中心だったのである。私がこれまで持っていた「転向」のイメージは、警察官が取り調べ室で容疑者を殴って、「転向」するまで彼をボロボロにする、というようなものだったが、実際はそれとは一八〇度違う状況だったようだ。この本には、もし逮捕者や囚人が反社会的な共産主義の考えから無事に逃げて「転向」できれば、彼は自分の家に戻れ、幸せで道徳的な人生を送ることができる、と警察官や僧侶など「転向」に関わった人々が期待していたということが、史料に基づいて描かれている。だから私は、この学術雑誌の編集者に送った書評の原稿に、「『転向』というのは、どちらかというと人道的な事だと思われる」と書いた。

しかし、この西洋人の編集者は、日本に対する先入観と固定概念が強いようで、この一行について、どういう意味なのかきちんと説明するように、という指示とともに原稿を戻してきた。私はこれについて考えた。しかし、もしこの編集者を「転向が割といい事だったようです」と説得しようとすれば、少なくとも長い論文か、一冊の本を書かなければならない。――いやそれでも無理かもしれないと思った結果、書評からその一行を削除する事にした。少しの努力では、「啓蒙思想こそが正しいのだ病」に感染した西洋人の考えを変えることは困難な事だと、自分の無力を痛感する体験となった。

『陰翳礼讃《いんえいらいさん》』は、谷崎潤一郎（一八八六―一九六五）が、一九三三年（昭和八年）から一九三四年にかけて雑誌「経済往来」で連載した随筆だ。その中で谷崎は、電灯のなかった時代の日本の感覚を愛《いと》おしみ、自然と人間の営む生活が一体化している事を尊んでいる。谷崎は、西洋文化が明るさ、完璧さ、透明さ、目で見え、すぐ理解できることに価値を置くのに対し、日本文化は、少し暗いところ、完璧に清潔ではないところ（例えば、お手洗い）、少し欠けているところに愛着を持っていると指摘している。

彼は、隅々まで照らして、完璧なシンメトリーを求める西洋は、陰影とは決別していると考えた一方で、陰影の中に美を見る日本を思い、「風雅の真髄は陰影の中でこそ映えるのだ」とその感性を慈しんだのである。

この随筆の中で谷崎が書きたかったのは、人間とはこういうものだ、ということではないかと思う。日本人は、人間が人間であることを自然に、そのまま受け止める傾向があり、それは世界でも珍しい気質かもしれない。谷崎は、〝日本人として、人間らしさを素直に受け止めて生きれば良いのであって、西洋を崇め西洋の真似をせずとも良いのだ〟と言いたかったのではないかと思う。

しかし、谷崎の日本に変化が訪れていることも認識しなければならない。

二〇二一年に出版され、日本が現在抱えている問題が生々しく描かれているのが、福田ますみ著『ポリコレの正体――「多様性尊重」「言葉狩り」の先にあるものは』（方丈社、二〇二一年）である。この中でジャーナリストの福田さんが描く日本は、谷崎潤一郎が理想としていた日本とは違っている。悲しいことだが、戦後の日本文化は年月を重ねていくほどに、「陰翳礼讃」とは程遠いアメリカ文化に近づいている気がする。

戦前の日本は、谷崎が描写した陰翳のある日本だったと想像する。アメリカとも違うし、他のどの国と比べても全く違う、日本らしい日本であった。そういう視点で歴史を見ると、二〇世紀に訪れた危機への日本の対応は、世界の中の日本としてみれば、他の国々と異なっていたとしても当然だったと言える。当時の世界のリーダーは白人国家ばかりであり、明るい光で照らすことに価値がある文化を背景にしている。自分たちの存在だけに価値を見出す彼らに、陰翳に秘められた感性は理解できなかったのである。

「八紘一宇」と日本文化の近現代史の中の現れ方

グローバリズム。人間の精神構造を根本的に否定する、悪質なイデオロギーだ。

共産主義の本質は、集団主義（特に恐怖に煽られた集団主義）をもって人を束ねることにある。共産主義は、簡単に言うと恐怖を使って人を集団の中に閉じ込める方法である。これで支配する側の政治エリート達が、民衆を容易にコントロールできるのだ。他にも、人間の本質を否定する政治イデオロギーは多数存在する。その一つが白人至上主義である。しかし、二〇世紀に入ってからは、白人至上主義、白人支配による世界、植民地制度が崩れ始める兆しがあり、それに伴い、少数のエリートが全てをコントロールする寡頭制《かとうせい》、つまり偽りの世界資本主義の化けの皮は剥がれつつあった。そして、この白人による白人のためのイデオロギーがもたらしたダメージを補い、非白人を救い出すシンボルとなる概念と方法が必要となった。そこに、日本の感覚に基づいた政治的概念が登場する。日本が提案したのは、八紘一宇(14)であった。

「八紘一宇」とは、大東亜共栄圏建設の理念で、全世界を一つの家のようにすることを意味していた。日本書紀の中で、神武天皇が「八紘（あめのした）を掩（おほ）ひて宇（いへ）にせしむこと、亦（また）可（か）からずや」と語ったとされるところからきている。

この八紘一宇は、英語で書かれた学術書には非常によく登場する。そこでは、八紘一宇は日本の偽善的な政策で、建前としてはアジアの人々を救済すると言っていたかもしれないが、本音は純粋な帝国主義に基づいているうえに、日本の人種差別的帝国主義の象徴のような言葉として扱われているのだ。前述した「転向」についての固定概念と同じで、「八紘一宇」は日本のファシズムと帝国主義の一部に過ぎない、というのが欧米研究者の一般的な考えである。まるで、日本版のナチス・イデオロギーかのような扱いを受けているのである。

しかし、八紘一宇について詳細を見てみると、この考えは全く違っているというのがよく分かる。八紘一宇は、ナチス・ドイツのイデオロギーに似ているどころか、正反対なのである。八紘一宇は、大日本帝国が崩壊したと同時に消え去ってしまった理想ではあるが、現代版の八紘一宇の元にアジアを束ね、日本を中心としてアジアの旧植民地であった地域に繁栄をもたらす計画があれば良いのにと思う。

二〇二一年の夏から二二年の春にかけて、新しいプロジェクトに参加した。「アジアを考え直す」というテーマで、学者や有識者たちがそれぞれ違う章を投稿し、それに基づいて議論を重ね、最後に一冊の本にまとめて出版するものだ。

私が執筆した章は、日本を中心にしたアジアの意味を再考するというものだ。その中で、この本の編集長でプロジェクト・リーダーから勧められた本を取り上げた。『ペルシアの自分達』と奇妙な題名を持つものだ。[15]著者であるコロンビア大学のマナ・キア准教授は西、中央、南アジアの専門家で、『ペルシアの自分達』では、国家が成り立つ前のペルシアの人々は、「国家」に付属しているというアイデンティティーを持っていたのではなく、サファヴィー朝という一八世紀に滅びた帝国[16]の記憶を大切にしながら、その時、崩壊に向かっていたムガル帝国の中に生きていたと記されている。彼らは、常にアイデンティティーが変化する「自分達」だったのである。

私が『ペルシアの自分達』をアジアを考え直すプロジェクトの論文に取り上げた理由は、私自身の経験とこのペルシア人たちの経験に重なり合うものを感じたからだ。私は、日本の特徴の一つとして人間中心主義とも言える、パーソナリズム（人格主義）があると思っている。論文の中では、日本でのさまざまな経験で自分がどのように変わったのか、アメリカ人の私が日本の文化の中に生き、失敗を繰り返しながらそこから学び、どうやって日本の習慣、文化、そして文明に影響されていったかについて書いた。「日本の私」とでもいう内容である。

私が特に日本で学んだのは、「人間が大事だ」ということだと思う。私が好きなフランスの思想家に、ジョゼフ・マリー・ド・メーストル伯爵（Joseph Marie, Comte de Maistre 一七五三―一八二一）がいる。彼は「人類」と「人間」との違いをはっきりさせた。王党派である彼は、革命派は人類という抽象的な概念を救うことを目標としたが、実際に生きて、存在している人間を無視することになり、その結果、人々は虐殺を選ぶのだと説明した。

日本では、彼の考え方がよく理解されると思う。大岡越前守《えちぜんのかみ》忠相《ただすけ》（一六七七―一七五二）が町奉行として行った裁判の例を挙げよう。これは、法律だけで事件を裁くと、現実の人間の人生を破壊する可能性が高いという証拠になるような話である。この話を聞けば、法律は、人間がつくり、ただの紙に書いた墨の跡にしか過ぎないことが分かる。人間は、さまざまな状況や事情、そして条件の中で生きている。だから、たとえ法律に照らせば犯罪になることをしたとしても、必ずしも「有罪」という判決を言い渡すことが正義になるとは言い切れないのだ。

これは大岡裁きの有名な一例である。江戸城のお堀に向かって石を投げて遊んでいる男の子がいた。運悪く、この子の投げた石がお堀の鴨に当たって、鴨が死んでしまった。法律上は、江戸城のお堀にいる鴨も含め、将軍さまの所有する動物を殺した者は、死罪と定められていた。しかし、この子が鴨を殺すつもりなど毛頭なく、ただ石を投げて遊んでいて運悪く鴨が死んでしまっただけというのは明らかだ。そして、そんな子供を、鴨一羽のために、死罪にすることが正義になるのだろうか、という疑問が出てくる。そこで大岡越前守はお白州（法廷）で、この子が殺したというその鴨を私に見せなさい、と言った。「証拠」として提出された鴨は生きており、越前守は、「鴨は生きているではないか。以上、解散」と言ったという。想像力やユーモア、そして憐れみに富んだ大岡裁きである。

私の解釈では、八紘一宇も同じような考え方だと思う。人間を大事にすることが根本にある。八紘一宇は、神秘的で理想的なイメージの太古の日本の天皇を思い描き、天皇の御心のもとに人々が寄り添って生きていく、という考え方だ。言い換えれば、天皇という存在が全世界のあり方を整え、国民を束ね、彼らの幸せを祈り、平和に導いていく、というものである。

人間を重視して、人間性を尊重する日本のパーソナリズムは、素晴らしい。しかし、それと同時にこれが日本にとって不利益にはたらくことが、ままあるということも、ここで記しておきたい。戦後も日本は、パーソナリズムを大切にし、すべてのことにおいて人間を最優先にする傾向は変わらないままだと思う。しかし、これが理由で日本は戦後さらに白熱している情報戦に負けっぱなしなのだ。

例えば、自分たちが受けた心身の傷や痛み、国として受けた屈辱を、被害妄想の力を借りて巨大化させ宣伝することはしないし、人の気持ちを考え、辛い過去の記憶を前面に押し出さない態度は美徳であるが、世界においては日本人にとって不利となる感性でもある。

パーソナリズムを大切にする廣池千九郎

日本では、抽象的概念よりも人格、つまり目の前に存在する現実の人間が大切にされている。「花より団子」という諺《ことわざ》は、「名よりも実利を尊ぶこと」を意味すると思う。「花」は決して抽象的な概念ではないけれども、「花より団子」に見える現実主義は、私がここで強調したい違いを表してくれていると思う。

もう一つの日本と西洋の違いは、「エンペラー」(emperor) である。「エンペラー」はラテン語の「imperium」に由来する言葉だが、「imperium」とは、古代ローマにおいて元老院から与えられた行政権のことを指す。ローマ帝国では、皇帝がこの「imperium」という、目に見えず手で触れることのできない概念を「持って」いたと言われている。概念と人間が融合しているので、その人間が「エンペラー」になる。

だから、もし他の人が「エンペラー」になりたいという野望を抱いた時には、その人は現在の「エンペラー」を殺さなければならない（中国の政治的考え方はよく似ている。「天命」は、原則として誰でも持てるし、天命を奪うために殺人を厭わない人物が中国史の中には溢れるほど多くいる）。この概念は非常に抽象的なせいか、ローマ皇帝の中には、人間として破綻していた人物が多く、今でいうところの非人道的なこと、つまり、周りの人々の尊厳を考えないで、自らの欲望のままに生きた皇帝も多かったようである。

しかし日本には、皇室が存在している。

皇室とは、時代から時代へと続いてきた万世一系の天皇の存在とともにある。そして、万世一系を引き継がれている存在として、今上天皇がおられる。つまり、今上天皇は、ある概念を実現しているのではなくて、天照大神の子孫としてこの世に居られるのだ。

天皇が「天命」を奪って天皇となったとか、前の天皇を殺して彼の冠を奪って次の天皇になったなど、つまり、そのような「概念と人物が融合した」ということはないのだ。

万世一系は、永久に同一の血統・血筋が続くことを意味する。それは、人間の世代の入れ替わりそのものであり、上の世代が自然に下の世代にこの世の諸問題の面倒を見るという役割を譲るということも意味する。その時、その場所、今、ここで、今上天皇と、万世一系の天皇とは、ともに居られるし、過去、現在、未来が非常にスムーズに共存するわけだ。こういった、天皇の意味と万世一系の意味の観点から考えると、万世一系の天皇と今上天皇との組み合わせに必ず付いてくるのは、道徳である、ということが分かるかと思う。(17)

廣池千九郎（一八六六―一九三八　法学博士）は、Moral《モラル》（道徳）+logy の二つの言葉を合わせた意味のモラロジー（道徳科学）を提唱した人である。私は、彼は幅広い分野で、パーソナリズムを語っていたと解釈している。前述した、万世一系の天皇と今上天皇とのバランスは、すべて目の前の天皇に左右されると言えよう。つまり、始祖である天照大神、天から受け継いだ道徳や美徳を体現されるのは、今上陛下でおられるわけだ。しかし、廣池にとっては、天皇陛下以外にも、世界中で、時代から時代へ、偉大なる人物や聖人（sages）と呼ばれる人々は、天の教えである道徳を悟り、それを地上で実現する存在なのである。(18)日本の場合は、すべてが、皇室と天とのつながりと、そこから押し戴く道徳や美徳に帰すると言える。(19)

ここで浮かんでくるのが、廣池千九郎が語る「国体」だ。廣池は国体について、こう説明している。

実に我が万世一系の国体の淵源は、啻《ただ》に伝説的歴史的基礎のうえに存するのみならずして、更に類例無比なる崇高偉大の道徳的基礎のうえに存するものなるを以て、全く合理的にして、且理想的実際的なり。(20)

さらに廣池は、こう続けている。

日本国民の思想信仰に在りては、天祖天照大神の御血統に服従する事を知り、皇室に心服して其力と徳との如何を問はざるなり、是を以て我日本の国体に在りては、主権者必ずしも力を要せず、又必ずしも徳を要せざる理なり、只天祖の御系統たる事を要するのみ、只此間幸にして我歴代の天皇は、至聖至仁、能く天祖の御聖徳を御紹述遊ばして、歴世御仁慈の御聖徳は、頼山陽をして、歴代の御伝を読むは猶ほ宛《あたか》も支那古今の仁君たりし漢の文帝の伝記を誦《よ》むが如しと嘆稱《たんしょう》せしめし次第にして、所謂《いわゆる》我日本帝国の国体之によりて成立し、之によりて主権の所在自ら万国と異るに至りし所以《ゆえん》なりとす、然り而して彼我の主権所在の異るに至りし主要原因は、君主と国民との間に存する双方の道義的関係の如何に在るものなり。(21)

つまり、廣池は、天（天照大神）、万世一系、今上天皇、日本国民、そして道徳、それぞれが手と手を取り合い、一つの存在と為すと見ていたのである。

廣池は、日本だけではなく、全世界のさまざまな時代の道徳思想を研究し、その結晶として、一九二六年『道徳科学の論文』で科学としての道徳研究、すなわちモラロジーを提唱した。

とりわけ私の興味を引いたのは、廣池が書いた『東洋法制史[22]』である。この本では非常に体系的に中国や日本などの法律の歴史が説明されている。例えば、「法」の字の本来ある意味を語源的に探求して、東洋で善、家、平等、義、喪などの概念や行動を研究している[23]。しかし廣池の残したこの研究の特徴は、物事をただ平面的に取り上げて羅列するのではなく、道徳を基軸において理論を組み立てていることだ。例えば『伝記 廣池千九郎』には、こう書いてある。

千九郎は、『中庸』を漢代以来約二千年間、東洋の道徳を支配してきた一大名著であり、孔子は中庸を行うか否かをもって人格を区別する標準としたとしている。

さらに、人格の向上とは、われわれの精神作用を不断に磨き上げ、誠《まこと》の心、すなわち仁の心に近づくことであり、これこそが修身といわれるものの核心である。換言すれば、これは天命に従うこと、神意《しんい》に同化することであるという。千九郎は、孔子が「神の存在を認めておることは論なし」と言っており、人間の行う善事は、皆天意の命ずるところであり、人類の行為はすべて天道にならって成り立っていると述べている。

天道については、天地の大道《だいどう》であるとも自然の法則であるとも言及し、善の根本実質が天道にあるとして天道を強調している。人間は、天道の中に生まれ、天道に従うことこそあるべき姿であり、しかもここには因果の法則が働いているという。天道に従うものは栄え、逆らうものは滅《ほろ》びるという因果律である(24)。

ここで見えてくるのは、日米関係の新しい形だ。それは、プラトンの唱えるイデアや、グローバリズムなどのような、非常に抽象的で分かりにくいものではなく、廣池千九郎が指し示す具体的な道徳の例に基づいて日米関係を築くということである。私は、それができれば、日米両国だけでなく、全世界をも巻き込みながら、人間の生活がもっと良い方向に進んでいけるのではないかと考えている。

戦後引き揚げ者と心の中の長年の痛み

しかしながら、過酷な現実として、人間が道徳に基づいて生きた証を歴史の中に探すのは、極めて難しい。むしろその逆で、道徳という言葉など初めから存在していなかったかのようなでき事ばかりが目につく。その中でも特に道徳に反する、つまり人としての道からかけ離れている事例は、大東亜戦争の終戦後に起きている。

数年前のことだが、ジャーナリストの下川正晴氏（一九四九―）が執筆された引き揚げに関する本を読んだ[25]。下川氏が歴史認識問題研究会まで来てくださり、その本の内容を紹介してくださったのがきっかけとなり、本を購入した。そして、書評としては長い記事を、台湾に設置されている英語のジャーナルに投稿した[26]。この本の内容は、ショッキングなものだ。ほんのわずかとはいえ、大陸から引き揚げてきた人たちが、どれだけの苦難、苦痛、悲惨を経験して生き残ったのか、または、生き残らなかったのか、ということが理解できる一冊である。

読みながら、私が不思議に思ったのは、引き揚げの体験談を、私が自分の耳で聞いたことがこれまで一度もなかったことだ。友人のご尊父は、赤ちゃんの時に大陸から引き揚げてこられたと聞いたことがある。しかし当時、赤ちゃんで記憶がないからなのか、その時のことについて私は何も教えてもらったことがない。私が歴史に興味があることは知っていて、よく歴史に関する話をしたのだが、引き揚げについてはこれまで一言も聞いたことがないのだ。

このことについて、下川氏のこの本を読んで、少し理解できたと思った。悲惨な体験を口にすれば、それを聞いている人たちの気持ちも沈むだろうという思いやりと、辛いことは口にしたくない、との思いで、引き揚げ時の話をされなかったのではないかということである。痛みとともに自分の心の中にだけ抱え、多くは語らずというのが、友人のご尊父のような昭和男の常識だったのだろう。

そんな中、最近私は、小説家の五木寛之氏（一九三二―）が『週刊新潮』で書かれているエッセイからも、引き揚げの体験というものを学んでいる。彼は、産経新聞の二〇二一年（令和三年）十一月二七日のインタビューでも、少し引き揚げに言及されている（一八面）。しかし、それは五木氏が書かれた、浄土真宗の祖とされる親鸞（一一七三―一二六三）に関する本の関連で話されたのであって、引き揚げの体験そのものをお話しされたわけではなかった。しかし、五木氏は別の媒体で引き揚げについて書かれている。例えば『運命の足音』(幻冬舎文庫、二〇〇三年)と『隠された日本 博多・沖縄 わが引揚港からニライカナイへ』(ちくま文庫、二〇一四年)がある。[27]

五木氏は、引き揚げについて、本を書き、口にもするようになったが、引き揚げの体験を話すことをためらって何十年も口にできなかったとおっしゃっている。五木氏と同じような気持ちで、自分の体験を語ることができなかった、もしくは、したくなかった人が、引き揚げ者の中には大勢存在したことは容易に想像できる。悲惨で過酷な経験の中生き残った人々は、それに関して何も話さないということはよく聞くが、人間の心理なのかもしれない。

「紙老虎」とこれからの日米関係

一九四六年には、国共内戦と呼ばれる、蒋介石(一八八七―一九七五)が率いる中国国民党と中華国民政府が率いる「国民革命軍」対中国共産党率いる「中国工農業紅軍」の戦いが繰り広げられていた。中国共産党の指導者であった毛沢東(一八九三―一九七六)は、この年にアメリカ人女性記者のアンナ・ルイーズ・ストロング（一八八五―一九七〇）からインタビューを受けている。その中で、毛は、アメリカが持っている原爆は「紙老虎」、つまり「張り子の虎」に過ぎないと発言した。彼は、そのあともアメリカとアメリカ帝国主義は「紙老虎」と繰り返し罵っている。

「紙老虎」とは中国語のことわざである。その意味は、「見かけは怖いが、その実態は全く恐れる必要のない物」というものだ。アメリカでも毛沢東のこの発言が有名になり、「見た目は強いが中身は空っぽ」と判断した、アメリカも含む世界の国や指導者を表現する時に今でも時々使われている。

しかし、恐ろしい原爆と、世界最強の軍隊を持っているアメリカを評して、毛はなぜ、ただの「紙老虎」だと言ったのだろうか。それは、アメリカ政府は、毛がいつも口にする「民衆の力」から大きくかけ離れてしまっていたからだ。つまり、アメリカという地球の半分までもその影響力を及ぼしている軍事帝国は、国内の一般市民の心から乖離し続けており、武器を開発する資金もあれば、技術も優れているが、国民の良心的な基盤からは全く逆の方向へ向かっていることを毛は見抜いていたのだろう。

驚くことに、毛のこの意見に賛成していたのは、なんと、将軍からアメリカ大統領になったドワイト・D・アイゼンハワー（Dwight D. Eisenhower 一八九〇―一九六九）だった。次の大統領はジョン・F・ケネディ（一九一七―一九六三）に決まっていた、一九六一年一月一七日の大統領退任演説の中で、アイゼンハワー大統領は「軍産複合体（Military-Industrial Complex）」の危険について、「軍産複合体の影響力が、我々の自由や民主主義的プロセスを決して危険にさらすことのないようにせねばなりません[28]」と語っているのである。

軍産複合体とは、民間企業、軍部、政府機関が、経済的、軍事的、政治的な利益のために、連結し、戦争をビジネスにしているという概念で、これがアメリカ合衆国を支配しているとアイゼンハワーは憂えていたのである。軍需産業と軍隊が手を取り合って、国庫から資金を調達するように政治に働きかけることで、戦争をすればするほど儲かる一方で、アメリカ国民の命は危険にさらされ、税金は軍備に流れていく仕組みができていることを指摘したのだ。

毛沢東が指摘した通り、アメリカ政府の方針は、民衆の願いとはどんどんかけ離れつつあったのである。

もう一人、毛沢東の分析に賛成しているアメリカ大統領がいる。ドナルド・J・トランプだ。ジョージ・W・ブッシュ（George Walker Bush 一九四六―）やバラク・H・オバマ（Barack Hussein Obama 一九六一―）が大統領だった二〇〇一年から二〇一七年の間にも、トランプは時々ニュース番組に電話出演して、「軍産複合体」を容赦なく批判していた。彼は、これはアメリカのためではない、と言った。アメリカの一般市民が今まで聞いたこともなかった国にアメリカの軍人が何年も派遣され、たとえその地で命を失おうとも、市民には何の利益もないだけでなく、利益を得ているのは巨大企業とコネを持つ有力な軍の関係者、そして彼らを国庫の税金で援助する政治家だけだ、と。

トランプ政権を振り返ってみると、トランプは一貫して「反戦」の立場をとり続けたことが分かる。北朝鮮、イラン、ロシア、中国などから挑発を受け、違う人物が大統領だったらもう既に大きな戦争になっているかもしれない瞬間もあったが、トランプは冷静にその罠に足を踏み入れるのを避けていた。戦争は、国民のためにはならない、と長い間思ってきたトランプは、ついに登場した、民衆の願いを考慮してくれる大統領であったと言える。

二〇二二年に始まったロシアのウクライナ侵攻にも、「軍産複合体」問題がはっきり見える。アメリカの古い武器の在庫処理として、ウクライナという戦場がかなり役に立っているようだ。そして同じウクライナは、新しい武器をテストする場所にも、とてもいいようである。

いずれにせよ、軍事産業に関連する工場は、さまざまな武器と弾薬の製造に大忙しだということは簡単に想像できる。当然、その支払いに充てられるのは、アメリカ国民の税金である。また、プーチン大統領とバイデン「大統領」は、ロシアやクライナの市民の命をなんとも考えていないように見える。そして、この代理戦争がある日、何かの拍子に第三次世界大戦にまで発展してしまえば、全世界を巻き込む可能性もあるのだ。ウクライナで起きていることは、戦争によって誰が得をするのかということを教えてくれるという面では意味があるといえるだろう。しかし、この争いの中に道徳観念は一切存在していない。

しかし、もしアメリカ帝国が戦争をしたくないと思ったとしても、それができる保証はない。例えば、領土の拡大を狙う行動をエスカレートさせている中華人民共和国は、台湾、沖縄、朝鮮半島、ベトナム、フィリピンなどの多くの海域や大陸の各所でも、戦争をする機会を積極的に探しているようである。

沖縄県石垣市登野城《とのしろ》の尖閣諸島は、中華人民共和国と台湾が領有権を主張している島々である。この海域では、中国の海警局による領海侵犯が日々繰り返されており、漁業権を持つ漁師たちが漁に出られない状況が続いている。彼らの姿が見えない日はないのである。いずれ、中国人民解放軍海軍による攻撃と侵略など軍事的な行動が起きる可能性が高い場所である。そして、中国の動きに抵抗しなければ、尖閣諸島は武力によって中国の領有になってしまう。日本の同盟国であるアメリカは、どうするつもりなのだろうか。

これまでは、強い姿勢を見せて西太平洋の秩序を保っていたアメリカ軍だが、アメリカができるだけ争いの場に巻き込まれたくないという姿勢をとるのであれば、近い将来の太平洋の支配者は、きっと中国になるだろう。アメリカ帝国は、すでにフェードアウトし始めているのである。

では、アメリカ傭兵がいなくなってしまった日本の選択は？「紙老虎」であったとしても、その存在が消えた戦後は、もう戦後とはいえず、全く新しい時代になっていると認めざるを得ないのではないだろうか。「どうする？」と尋ねる先は、「日本国民の心」である。「国民であるあなたはどうしますか？」というのが問いなのだ。日本人にとって、日本の陸海空の領土、そして日本人の命は、守る価値があるのか、ないのか、と。

国内でもさまざまな極めて重要な問題を抱えているアメリカは、二〇二一年にイラクでの戦闘任務を終了し、二〇二一年八月三十一日をもってアフガニスタンから完全撤退した。

これと同じように、西太平洋からも徐々にその存在を縮小していくことは間違いない。紙老虎は、アメリカの洞窟に戻り始めているのである。アメリカ国民たちが、外国で外国のために自国の兵士が血を流す戦争をする意味が理解できなくなっているからだ。「軍産複合体」の説明に騙されていたことが分かり、自分たちには利益が何もないことに気づいた以上、国民はアメリカ帝国の軍隊の派遣をもはや支持しないのである。

これを見れば、日本人には二つの選択肢しかないことが分かる。日本国民が一つになって日本の領土を共産主義独裁支配の魔の手から守るのか、守らないのか、という選択である。今後、アメリカは戦争から手を引く、と警告してくれたトランプ政権の意図を汲み取って、日本の決断の時は、この瞬間にも訪れている。一刻の猶予もないのである。

グローバリストが日本を乗っ取る前にアメリカを乗っ取った

日米関係の歴史を振り返ってみると、日米両国の保守派の人々がグローバリストと戦っているのが見えてくる。例えばルーズベルト大統領、トルーマン大統領などのグローバリストは、日本を絶滅しようと計画したが、アメリカ保守派の、例えばチャールズ・ウィロビー少将（Charles A. Willoughby 一八九二―一九七二）、ダグラス・マッカーサー将軍、それからハーバート・フーバー大統領（Herbert C. Hoover 一八七四―一九六四）などは、できるだけワシントンD.C.のグローバリストたちから日本を保護しようとした。第二次世界大戦が勃発した時には、フーバー大統領のように、ルーズベルトが仕掛けた罠から始まった日本との戦争は戦う必要のないものだ、と思った保守派の人々は少なくなかったのである。(29)

しかし、日本がワシントンD.C.のグローバリストに敗北した一九四五年八月からおよそ三年半遡る一九四一年一二月、皮肉なことに、アメリカの保守派のほうがすでにワシントンD.C.グローバリストに負けていた。一九四一年一二月七日（現地時間）の真珠湾攻撃を理由に、本格的に第二次世界大戦に踏み込んでいったアメリカ軍事帝国の最初の敗北者は、アメリカ国内の保守派の人々だったのである。これは、悔やんでも悔やみきれない歴史の事実だ。アメリカの保守派は、それまでにも日本に対する人種差別も含んだ野蛮な犯罪行為を繰り返しているルーズベルト政権を毛嫌いしていた。自分の国を愛する人は、他国を破壊しようとは思わないのである。

ではアメリカはどうやって、グローバリストが望む方向に突っ走っていくようになってしまったのだろうか。

二〇一二年に、作家の鈴木荘一氏（一九四八―）が『日本征服を狙ったアメリカの「オレンジ計画」と大正天皇』（かんき出版）を上梓された。アメリカ連邦政府が「オレンジ計画」と呼ばれる戦争計画を間違いなく持っていたことを証明した本である。「オレンジ計画」とは、「カラー・コード戦争計画」の中の一つで、一九二〇年から三〇年代にかけてアメリカ海軍によって作成されたもので、日本との戦争に突入した時の対処法とアメリカの勝利へ向けての戦争計画が記されているものである。

「オレンジ計画」を含む「カラー・コード戦争計画」を見れば、アメリカでは色の名前にちなんでさまざまな戦争計画が立てられていたことが分かる。世界のほとんどの国と、もし戦争になった場合どうするのか、と予め分析し計画を立てるのが、アメリカ政府の以前からの習慣である。そう考えれば、今でもきっと、ワシントンD.C.のどこかの建物の中で、日本と戦争になった場合どうするのか、という新しい計画が練られているに違いないと思う。

一方で、鈴木氏が書かれた「オレンジ計画」に関する本は、ただの陰謀論で、ありふれた事実を拡大解釈して騒ぎすぎだと批判する人がいるとも言われている。「オレンジ計画」

以外の、他の数多くの「カラー・コード戦争計画」を指して、アメリカは他の国々に対しても計画を練っているのだから、先の大戦の勃発するずっと以前から日本を降伏させる企画があったのだ、と決めつけるのはちょっと大袈裟だろう、と言うのだ。だいたい、日本側にも戦争に備える計画があったのだから、お互い様だったのだ、という反論もある。

確かにこれらの事実だけを取り上げれば、そうかもしれない。だが、この狭い視点からの議論は、背後にあるオレンジ計画の大きな意味を見逃している。それは、アメリカの日本を敗北させるための戦争計画の最終目標は、太平洋を「白人の湖」にすることだったからである。当時の言い方は、もちろん「白人の湖」ではなく、「アメリカの湖」となっていたが、当時のアメリカでは人種差別が横行しており、アメリカ版アパルトヘイト行為が日常茶飯事になっていたことを考えれば、「アメリカの湖」=「白人の湖」という意味であることは明らかである。「白人の湖」には、有色人種が存在していてはならないのだ。

前述したようにアメリカには「カラー・コード戦争計画」があり、そこには、アメリカ合衆国国内における内乱を想定した「ホワイト計画」もあった。しかし、「オレンジ計画」の意味を考えてみると、「オレンジ計画」こそ「ホワイト計画」と名付けるべきであったと思う。つまり、オレンジは、実際には白だったというのが私の見方だ。

しかし、これでもまだ、「オレンジ」の名前の裏にはさらなる隠された真実がある。「オレンジ」は、単なる「ホワイト」だったわけではないのだ。オレンジの裏にある本当の色は、「白」と「赤」であった。白人の「白」と、共産主義の「赤」である。実際には、この二色が混じり合っても、オレンジにはならないが、「オレンジ計画」の背後には「白」と「赤」の存在があった。つまり、アメリカ内部に存在した白人の共産主義者たちが、アメリカをグローバリストの手に押しやったアメリカの敵だった。なぜなら、彼らこそが、アメリカと対等に競合できる帝国主義のライバルだったからである。

人種問題と日本の偉大なる動き

ヒューストン大学の教授で、アメリカ人の歴史家にジェラルド・ホーン（Gerald Horne 一九四九―）がいる。彼は、どちらかというと、共産主義寄りの人間だと思われる。例えば、ホーン氏の近現代アフリカ大陸の歴史、とりわけ一九六一年にイギリスから独立した南アフリカ共和国、一九七五年にポルトガルから独立したアンゴラ共和国、そして一九九〇年にイギリスから独立した現在のナミビア共和国について記した本、『白人至上主義に立ち向かって』（*White Supremacy Confronted*）[30]の中で、「アフリカを解放したのは、資本主義者ではなく共産主義者だ」と書いていることからも分かる[31]。これに関する彼の共産主義者への歴史観は、正しいと言わざるを得ないと思う。なぜなら、資本主義者は、南アフリカで行われていた凄まじい人種差別、アパルトヘイトに目をつむっていたからである。共産主義が人道的だったと認めるような歴史は、残念だが事実として受け止めなければならない。

しかし、ホーン氏もよく分かっているように、共産主義の歴史は、共産主義がアフリカを救いました、というような簡単なものではない。私は、共産主義はそもそも、世界を解放する理論ではないと思う。宇宙を浮遊していて、現実世界とは全く切り離されて組み立てられた理論は存在しないからだ。私は、歴史家であって、プラトン主義者ではない。だから、人間社会は、人間がどのような存在であるのかを注視せねば理解できないと考えている。

私はホーンが賛辞するアフリカを救った共産主義よりも、日本が大東亜戦争を通しての日本の挑戦を高く評価する。当時のアメリカは、日本と戦争するのではなく、日本と協力して植民地主義者、つまりグローバリストや共産主義者と戦えばよかったのである。歴史に〝もしも〟はないのだが、〝もしも〟当時の大統領がルーズベルトではなくて、トランプだったら、きっとそうしたのではないかと思う。

註

第1章

(1)「醇風美俗」『コトバンク』https://kotobank.jp/word/醇風美俗-78704

(2)「工事現場看板の「オジギビト」、実は名前があった　上目遣いの笑顔にも理由が」『朝日新聞 Globe+』二〇二〇年二月一四日　https://globe.asahi.com/article/13124030

(3) J. Mark Ramseyer, "Recovering the Truth about the Comfort Women," JAPAN Forward, January 12, 2021　https://japan-forward.com/recovering-the-truth-about-the-comfort-women/

(4)「世界に広まる『慰安婦＝性奴隷』説を否定　米ハーバード大J・マーク・ラムザイヤー教授が学術論文発表」『産経新聞』二〇二一年一月二八日
https://special.sankei.com/a/politics/article/20210128/0001.html（有料記事）

(5) http://chwe.net/irle/letter/

(6)「ハーバードの学生たち、『慰安婦は売春婦』主張のロースクール教授の論文に反論」『Hankyoreh』二〇二一年二月六日　http://japan.hani.co.kr/arti/international/39071.html

(7) https://japan-forward.com/japanese/125773/

(8) 有馬哲夫「インターネット時代の言論弾圧：ラムザイヤー論文とキャンセルカルチャー」『アゴラ』二〇二一年一月一六日　https://agora-web.jp/archives/2054657.html

有馬哲夫「Why I Defend the Ramseyer Paper 'Contracting for Sex in the Pacific War'（ラムザイヤー論文「太平洋戦争における性行為契約」を私が擁護するわけ）」『産経新聞』二〇二一年九月二七日 https://www.sankei.com/article/20210927-NMKIHRHASBPUDMYKQYY2K47GQM/

(9) 一九八九年、江藤淳が紹介したのが、最初に世の中に知られるようになったきっかけ。

(10) 高橋史朗『日本が二度と立ち上がれないようにアメリカが占領期に行ったこと』（致知出版社、二〇一四年）、『WGIPと「歴史戦」――「日本人の道徳」を取り戻す』（モラロジー研究所、二〇一八年）、岡島実「高橋史朗著『WGIP（ウォー・ギルト・インフォメーション・プログラム）と「歴史戦」――「日本人の道徳」を取り戻す』」歴史認識問題研究第5号

(11) 西尾幹二『GHQ焚書図書開封』（徳間書店、二〇〇八年）

(12) 久岡賢治「占領期GHQによる検閲・宣伝工作の影響と現代日本」『彦根論叢』Spring/Feb.2020 https://www.econ.shiga-u.ac.jp/ebr/Ronso-423k-hisaoka.pdf

(13) 西岡力『わが体験的コリア論――覚悟と家族愛がウソを暴く』（モラロジー道徳教育財団、二〇二一年）

(14) Bellum omnium contra omnes（The war of all against all/万人の万人に対する闘争）。

(15) Areopagitica: A Speech of Mr. John Milton for the Liberty of Unlicensed Printing, to the Parliament of England（1644）『言論・出版の自由 アレオパジティカ』「印刷物に対するライセンス制と検閲に反対するポレミック論文」

(16) 『自由論』（On Liberty）（一八五九年）をご参照下さい。

(17) "[T]he necessity of gaining access to the other [...] and the necessity of speaking of the other as other [...] these necessities are violence itself." Jimmy Casas Klausen, "Violence and Epistemology: J.S. Mill's Indians after the 'Mutiny'," Political Research Quarterly, vol. 69, no. 1 (March 2016), p. 96, citing Derrida, "Violence and Metaphysics" (1964)

(18) David Haig, From Darwin to Derrida: Selfish Genes, Social Selves, and the Meanings of Life (The MIT Press, 2020)

(19) 「『顔』は発言と結びついている。『顔』は言葉を語る」エマニュエル・レヴィナス『倫理と無限』

(20) 「(中略)しかしながら、『顔』によってもたらされる関係性の本質は、倫理である」(レヴィナス『倫理と無限』) http://www.diptyqueparis-memento.com/ja/レヴィナスが語る顔/

(21) http://www.diptyqueparis-memento.com/ja/レヴィナスが語る顔/

(22) 人間を創造したプロメテウスが、「人間だけは、顔をもたげて天を仰げるようにさせ、まっすぐ目をあげて天を見るように言いつけた」、これが、人間と動物の違いである。オウィディウス『変身物語』中の「人間の誕生」の一節。

(23) 百田尚樹「百田尚樹、一橋大学の講演会中止事件を語る『信じがたい言論弾圧』」『デイリー新潮』二〇一七年六月二二日 https://www.dailyshincho.jp/article/2017/06220801/?all=1

(24) "Hana Kimura: Netflix star and Japanese wrestler dies at 22," BBC, May 23, 2020 https://www.bbc.com/news/world-asia-52782235

(25)「『平和の礎』は、太平洋戦争・沖縄戦終結50周年記念事業の一環として、国籍を問わず、また、軍人、民間人の別なく、全ての戦没者の氏名を刻んで、永久に残すため、平成七年（一九九五年）六月に建設したものです」 https://heiwa-irei-okinawa.jp/facility/heiwanoishiji/

(26) 福林徹「群馬県太田市空襲時に墜落したB29の慰霊碑が建立される」 http://powresearch.jp/news/wp-content/uploads/b29_ota.pdf

(27) https://www.chuo-u.ac.jp/uploads/2019/02/68a35c072d9ac62633dffb122a77bf15.pdf

(28)「秘すれば花なり秘せずは花なるべからず」（世阿弥『風姿花伝』）。馬場あき子『風姿花伝』（岩波書店、一九八四年）、六〜一一ページを参照されたい。

(29) https://osaka-club.or.jp/lecture/3319/

第2章

(1) Josh Gerstein and Alexander Ward, "Supreme Court Has Voted to Overturn Abortion Rights, Draft Opinion Shows," Politico, May 2, 2022 https://www.politico.com/news/2022/05/02/supreme-court-abortion-draftopinion-00029473

(2) "At the heart of liberty is the right to define one's own concept of existence, of meaning, of the universe, and of the mystery of human life."

(3) Alexander Shur, "Watch Now: Madison Anti-Abortion Headquarters Hit By Apparent Molotov

Cocktail, Vandalism, Graffiti," Wisconsin State Journal, May 9, 2022
https://madison.com/news/local/crime-and-courts/watch-now-madison-anti-abortion-headquarters-hit-by-apparent-molotov-cocktail-vandalism-graffiti/article_526660ea-776d-50ca-9baa-4b4a9337dca7.html

(4) https://www.citizen-times.com/story/news/2022/06/07/asheville-police-mountain-area-pregnancy-services-vandalized-threatened/7544848001/

(5) Jordan Boyd, "'Let's Burn This Place Down': Left Calls for Violence After Treasonous SCOTUS Abortion Leak," The Federalist, May 3, 2022
https://thefederalist.com/2022/05/03/lets-burn-this-place-down-left-calls-for-violence-after-treasonous-scotus-abortion-leak/

(6) Katelyn Caralle, "Huge fence is put up at the Supreme Court and Justices cancel events as left-wing groups calls for protests at their homes and law enforcement braces for violence and over the Roe v. Wade leak," Daily Mail Online, May 5, 2022
https://www.dailymail.co.uk/news/article-10785709/Fence-SCOTUS-Justices-cancels-eventspolice-brace-violence-Roe-leak.html

(7) https://twitter.com/Michael_Yon/status/1522640144247013376?cxt=HHwWgIC-6ZrJwKEqAAAA

(8) Jordan Dixon-Hamilton, "Radical Abortion Activists Gather Outside Supreme Court Justices'

Homes," Breitbart, May 7, 2022
https://www.breitbart.com/podcast/2022/05/07/radical-abortion-activists-gather-outside-supreme court-justices-homes/
(9) Kelsey Dallas, "Armed man upset about abortion arrested near Justice Brett Kavanaugh's house," Deseret News, June 9, 2022
https://www.deseret.com/2022/6/8/23160180/man-upset-about-abortion-arrested-outside-justice brett-kavanaughs-house-supreme-court-roe-v-wade
(10) 合衆国法典のタイトル18、セクション１５０７
(11) Paul Bois, "Jen Psaki Refuses to Condemn Protests Outside of SCOTUS Justices' Private Homes," Breitbart, May 6, 2022
https://www.breitbart.com/politics/2022/05/06/jen-psaki-refuses-to-condemn-protests-outside-of-sc otus-justices-private-homes/
(12) Joshua Rhett Miller, "Pro-choice abortion activists call for Mother's Day protests at churches," New York Post, May 6, 2022
https://nypost.com/2022/05/06/abortion-activists-call-on-americans-to-protest-at-churches/
(13) Andrew Mark Miller, "New York Church swarmed by pro-abortion protesters: 'I'm killing the babies'," Fox News, May 8, 2022

https://www.foxnews.com/us/nyc-church-abortion-protesters

(14) Micaiah Bilger, "Historic Catholic Church Destroyed in Arson as Pro-Abortion Violence Escalates Nationwide," LifeNews, June 28, 2022
https://www.lifenews.com/2022/06/28/historic-catholic-church-destroyed-in-arson-aspro-abortion-violence-escalates-nationwide/

(15) "Summer of Rage," Breitbart, 2022 https://www.breitbart.com/tag/summer-of-rage/

(16) Katherine Hamilton, "Pro-Life Group in Nebraska Receives Shooting Threat Note Allegedly Signed by 'Jane's Revenge'," Breitbart, December 4, 2022
https://www.breitbart.com/politics/2022/12/04/pro-life-group-in-nebraska-receives-shooting-threat-note-allegedly-signed-by-janes-revenge/

(17) https://cityofmadison.com/police/community/pride/

(18) https://www.sanders.senate.gov/in-the-news/sanders-end-filibuster-to-codify-roe-v-wade/

(19) "Bernie Sanders: 'End the Filibuster, Codify Roe v. Wade, and Make Abortion Safe and Legal'," CNS News, July 6, 2022
https://www.cnsnews.com/article/washington/cnsnewscom-staff/bernie-sanders-end-filibuster-codify-roe-v-wade-and-make, see also Cassy Fiano-Chesser, "Bernie Sanders: 'We have to codify Roe and Expand Funding for Planned Parenthood'," Live Action, February 10, 2020 https://www.liveaction.

org/news/bernie-sanders-codify-roe-planned-parenthood/

(20) Christopher Hutton, "Democratic Senator Predicts 'Revolution' If Roe v. Wade Overturned," Washington Examiner, November 30, 2021
https://www.washingtonexaminer.com/news/jeanne-shaheen-roe-v-wadere-volution

(21) Jason Morgan, "'Harriet Looks to You for Justice'," Human Life Review Blog, May 4, 2022
https://humanlifereview.com/harriet-looks-to-you-for-justice/

(22) 「バイデン米大統領、教皇と会談「聖体拝領受け続けるべき」と言葉受ける」『Christian Today』二〇二一年一〇月三〇日 https://www.christiantoday.co.jp/articles/30148/20211030/biden-pope-francis.htm

(23) フランクリン・D・ルーズベルト大統領は、日系人の人口が多いハワイにおける日本側の情報活動に危機感を抱き、1936年8月10日に海軍作戦部長にあてた覚書で「わたしに明確な考えが浮かんだ。日本の船舶と乗組員に接触するオアフ島の日系人の身元を極秘に洗い出し、有事に際して強制収容所に最初に送り込む特別リストに氏名を記載しておくべきだ」と提案している。「開戦5年前に日系人収容を検討＝F・ルーズベルト大統領覚書」Yahoo!ニュース、時事通信（Yahoo! Japan）（二〇〇八年一二月三日）オリジナルの二〇〇八年一二月七日時点におけるアーカイブ（https://web.archive.org/20081207092833/）。
https://ja.wikipedia.org/wiki/日系人の強制収容

ハワイにおける日系人収容所に関しては、これらをご参照下さい。「ホノウリウリ」Aloha Program, November 30, 2015
https://www.aloha-program.com/curriculum/lecture/detail/183
https://www.nps.gov/hono/getinvolved/park-planning.htm

(24) 『ナチスの楽園――アメリカではなぜ元SS将校が大手を振って歩いているのか』(The Nazis Next Door: How America Became a Safe Haven for Hitler's Men)、エリック・リヒトブラウ、翻訳：徳川家広、新潮社、二〇一五年

(25) 加藤シヅエ 一九一九年に渡米して、アメリカでの生活で、共産主義者らと親交を持つようになる。(Elise K. Tipton, "Ishimoto Shizue: The Margaret Sanger of Japan," Women's History Review, vol. 6 (1997), pp. 337-355) 中国革命のレポートで有名位になったアグネス・スメドレーを介して、サンガーと知り合う。(Elise K. Tipton, "Ishimoto Shizue: The Margaret Sanger of Japan," p. 342) 戦後、一九四六年、GHQの要請で立候補し、衆議院議員に当選。日本初の女性国会議員の一人となる。GHQの指導で、産児制限の立法化を図り、優生保護法を成立させた。(高山正之『習近平は日本語で脅す』新潮社。しかしながら、以下もご参照ください。Elise Tipton, "Ishimoto Shizue: The Margaret Sanger of Japan," p. 350)

(26) 「7万人の断種につながりナチ科学者の弁護にも引用された米国史上最悪の最高裁判決」『Democracy Now!』March 17, 2016 https://democracynow.jp/video/20160317-2

(27) Alexandra Fair, "The Sterilization of Carrie Buck," ORIGINS: Current Events in Historical Perspec-

tive, October, 2022
https://origins.osu.edu/read/sterilization-carrie-buck?language_content_entity=en

(28) 「7万人の断種につながりナチ科学者の弁護にも引用された米国史上最悪の最高裁判決」『Democracy Now!』March 17, 2016 https://democracynow.jp/video/20160317-2

(29) “three generations of imbeciles are enough”

(30) Ross Douthat, “Eugenics, Past and Future,” The New York Times, June 10, 2012

(31) http://nihonmagokoro.blog.fc2.com/blog-entry-126.html

(32) https://www.maafasfbayarea.com See also Nat Hentoff, “President Obama and ‘Black Genocide’,” HUMAN LIFE REVIEW, vol. 35, iss. 1/2, Winter 2009, p. 26.

(33) http://nihonmagokoro.blog.fc2.com/blog-entry-126.html

(34) “At homo sacer is est, quem populus judicavit ob maleficium.” Sextus Pompeius Festus フェストゥス『語の意味について』
Carl Georg Bruns, Fontes juris romani antiqui quos in usum praelectionum（Tubingen: Libraria Laup-piana, 1860）, pp. 121–122を参照下さい。
https://archive.org/details/bub_gb_6FIUAAAAQAAJ/page/n3/mode/2up

(35) Sextus Pompeius Festus フェストゥス『語の意味について』

(36) Masae Kato, Women's Rights? The Politics of Eugenic Abortion in Modern Japan

(37) Terese Svoboda, "U.S. Courts-Martial in Occupation Japan: Rape, Race, and Censorship," The Asia-Pacific Journal: Japan Focus, vol. 7, iss. 21, no. 1（May 23, 2009）and Mark McLelland, "Sex and Censorship During the Occupation of Japan," The Asia-Pacific Journal: Japan Focus, vol. 10, iss. 37, no. 6（September 9, 2012）. But see also Brian P. Walsh, "The Rape of Tokyo: Legends of Mass Sexual Violence and Exploitation During the Occupation of Japan," Ph. D. Academic dissertation, History, Princeton University（2016）を参照下さい。

(38) 下川正晴『忘却の引揚げ史——泉靖一と二日市保養所』（弦書房、二〇一七年）、「秘密の中絶施設、二日市保養所（福岡県筑紫野市）」『産経新聞』二〇二〇年八月一二日 https://www.sankei.com/article/20200812-ZHMSFBHVV5ODJGF2ST7B6V6KSU/、「引き揚げ後、父が働いていた二日市保養所。ソ連兵に暴行された女性の中絶手術が秘密裏に。「4、5百件」と医師の証言。国も黙認していたようだ〈証言 語り継ぐ戦争〉」『南日本新聞３７３news.com』二〇二一年九月二七日 https://373news.com/_news/storyid/144146/

(39) 「戦後引き揚げの悲劇 福岡・二日市保養所跡で中絶女性の胎児の水子供養祭」『産経新聞』二〇二一年五月一四日 https://www.sankei.com/life/news/210514/lif2105140072-n1.html

(40) "U.S. Presents Views on Population Growth and Economic Development," Department of State Bulletin, January 31, 1966, p. 176, cited in Brian Clowes, "The Environmentalist Roots of the Population Control Movement," Human Life International, June 10, 2020

https://www.hli.org/resources/population-control-environment/
(41) "Interview with Jacques-Yves Cousteau," THE UNESCO Courier, November, 1991
https://en.unesco.org/courier/november-1991/interview-jacques-yves-cousteau-0
(42) 正式に。一九八〇年以前にも、人口を制限するさまざまな政策があった。
(43) Erin Blakemore, "The Little-Known History of the Forced Sterilization of Native American Women," JSTOR DAILY, August 25, 2016
https://daily.jstor.org/the-little-known-history-of-the-forced-sterilization-of-native-american-women/
(44) Kanako Miyachi,「トランプ政権の政策で女性の健康と権利に迫る危機」『THE POVERTIST』二〇一七年四月七日　https://www.povertist.com/ja/trump-unfpa/
(45) ビル・ゲイツの父は、家族計画連盟の代表であった。
Associated Press, "Bill Gates Sr., father of Microsoft co-founder, dies at 94," NBC News, September 16, 2020
https://www.nbcnews.com/news/us-news/bill-gates-srfather-microsoft-co-founder-dies-94-n1240189
(46) Dave Bohon, "Melinda Gates Commits $375 Million for Population Control, Abortion," The New American, July 19, 2017
https://thenewamerican.com/melinda-gates-commits-375-million-for-population-control-abortion/
(47) 残念ながら、この政策が大成功している。

https://data.worldbank.org/indicator/SP.POP.GROW?locations=IN

(48) Jason Morgan, "Mourning in America: Life after Roe," The American Conservative, May 5, 2022 https://www.theamericanconservative.com/mourning-in-america-life-after-roe/

第3章

(1) 「アメリカ・ファースト」は、トランプが提唱し始めたのではない。第一次世界大戦以降のスローガンとして使用されてきた。

(2) 二〇二〇年のいわゆる「選挙」について、James Bovard, "Twitter Files reveal how federal censors made mail-in ballots sacred — boosting Biden," New York Post, December 12, 2022 https://nypost.com/2022/12/12/twitter-files-reveal-how-federal-censors-made-mail-in-ballots-sacred-boosting-biden/

(3) 施光恒「アメリカは本当に『反グローバル化』に向かうか：新しい保守主義の潮流『ハゾニー主義』を探る」『東洋経済オンライン』二〇二二年四月九日　https://toyokeizai.net/articles/-/420811?page=2

(4) https://sdgs-connect.com/archives/43004

(5) Ines Angeli Murkazu, "Atheist, racist, bigot, sexist: The truth about the demonic Karl Marx," The Catholic World Report, September 1, 2020
https://www.catholicworldreport.com/2020/09/01/atheist-racist-bigot-sexist-the-truth-about-the-devi

lish-karl-marx/

(6) 国際日本文化研究センター『日本研究』no. 64（2022）, p. 234

(7) 徳力啓三「知っておきたい日本の歴史 =徳力啓三（21）」『ニッケイ新聞』二〇二〇年一一月二一日
https://www.nikkeyshimbun.jp/2020/201121-41colonia.html?print=print
「大東亜会議にも出席したミャンマーのバー・モウ初代首相の著書『ビルマの夜明け』には、『歴史を見るならば、日本ほどアジアを白人支配から離脱させることに貢献した国はない。しかし、日本ほど誤解を受けている国もない。もし、日本が独断とうぬぼれを退け、開戦当時の初念を忘れなければと、日本のために惜しまれる』と書きました。（中略）タイのククリット・プラモード元首相は戦争回想記『十二月八日』に、『日本のお陰でアジア諸国は全て独立した。日本というお母さんは難産をして母体を損なったが、生まれた子供はすくすく育っている。十二月八日はお母さんが一身を賭して、重大決心をされた日である。更に八月十五日は、我々の大切なお母さんが病の床に伏した日である。我々はこの二つの日を忘れてはならない』としたためた」

(8) アジアで、本当の意味で独立を保っていたのは、オットーマン帝国と日本だけである。

(9) https://www.kinokuniya.co.jp/f/dsg-08-EK-0505055
※本書は二〇一三年四月、ビジネス社より単行本として刊行された『真実の満洲史［1894-1956］』を加筆、改題の上、新書化したもの。

(10) Yuval Levin, The Great Debate: Edmund Burke, Thomas Paine, and the Birth of Right and Left

(New York, NY: Basic Books, 2013)

(11) Nat Brown, "Edmund Burke v. Thomas Paine," National Review (December 3, 2013) https://www.nationalreview.com/2013/12/edmund-burke-v-thomas-paine-nat-brown/, cited in Rebecca Pohl, An Analysis of Donna Haraway's A Cyborg Manifesto: Science, Technology, and Socialist-Feminism in the Late Twentieth Century (New York, NY: Routledge, 2018), p. 52

(12) 田中英道『日本にリベラリズムは必要ない。――「リベラル」という破壊思想』（ｋｋベストセラーズ）

(13) Jason Morgan, "〈BOOK REVIEW〉 Thought Crime: Ideology and State Power in Interwar Japan By Max M. Ward," Japan Review: Journal of the International Research Center for Japanese Studies, vol. 36 (February 2022), pp. 181-183 https://nichibun.repo.nii.ac.jp/?action=pages_view_main&active_action=repository_view_main_item_detail&item_id=7808&item_no=1&page_id=41&block_id=63

(14) 黒岩昭彦『「八紘一宇」の社会思想史的研究』（弘文堂、二〇二一年）を参照されたい。

(15) Mana Kia, Persianate Selves: Memories of Place and Origin Before Nationalism (Stanford, California: Stanford University Press, 2020)

(16) サファヴィー朝は、おおよそ16世紀から18世紀半ばまで、ペルシアを支配した。

(17) 廣池幹堂『国家と道徳――令和新時代の日本へ』（文藝春秋、二〇一九）、pp. 21-49. See also Chikuro Hiroike, Towards Supreme Morality: An Attempt to Establish the New Science of Moralogy, Vol-

ume Two（Kashiwa, Japan: The Institute of Moralogy, 2002）, pp. 423–424, 466–472, 495–497, 廣池千九郎、『日本憲法淵源論』, pp. 67–68, 74–76, in 廣池千九郎、『廣池博士全集』、Volume Three（道徳科学研究所、昭和十二年（1937））, and The Institute of Moralogy, Chikuro Hiroike: Father of Moralogy（Kashiwa, Japan: The Institute of Moralogy, 2001）, pp. 214–216.

⑱ Chikuro Hiroike, Towards Supreme Morality: An Attempt to Establish the New Science of Moralogy, Volume Three（Kashiwa, Japan: The Institute of Moralogy, 2002）, pp. 3, 23

⑲ 廣池千九郎『日本憲法淵源論』, pp. 90–93, in 廣池千九郎、『廣池博士全集』Volume Three（道徳科学研究所、昭和十二年（1937））

⑳ 廣池千九郎『日本憲法淵源論』, pp. 86–87, in 廣池千九郎、『廣池博士全集』Volume Three（道徳科学研究所、昭和十二年（1937））（emphases in original elided; some older kanji forms modified to modern characters）

㉑ 廣池千九郎『日本憲法淵源論』, pp. 92–93, in 廣池千九郎、『廣池博士全集』Volume Three（道徳科学研究所、昭和十二年（1937））（emphases in original elided; some older kanji forms modified to modern characters）

㉒ 合わせて二冊ある。『東洋法制史序論』一九〇五年、『東洋法制史本論』一九一五年

㉓ 廣池千九郎『廣池博士全集』Volume Two（道徳科学研究所、昭和十二年〈一九三七〉）

㉔ モラロジー研究所編、『伝記 廣池千九郎』（モラロジー研究所、平成十三年）、二五三～二五四ページ

(25)『忘却の引揚げ史——泉靖一と二日市保養所』弦書房、二〇一七年。『占領と引揚げの肖像 BEPPU 1945-1956』（弦書房、二〇二〇年）も参照されたい。

(26) Jason Morgan, "The history of the unspeakable: Shimokawa Masaharu's The Forgotten history of evacuation," Inter-Asia Cultural Studies, vol. 19, no. 4（2018）
https://www.tandfonline.com/doi/abs/10.1080/14649373.2018.1543278?journalCode=riac20

(27) 他にも、例えば「引き揚げ、極限の生 作家・五木寛之さん『人間というものは、いつ何をするか分からない』」『西日本新聞』二〇一四年一二月四日
https://www.nishinippon.co.jp/item/o/433752/ も参照されたい。

(28)「アイゼンハワーの離任（退任）演説」（豊島耕一訳）
http://www.inaco.co.jp/isaac/shiryo/Eisenhowers_Farewell_Address_to_the_Nation_January_17_1961.htm

(29)『フーバー大統領が明かす日米戦争の真実——米国民をも騙した謀略』（勉誠出版、二〇一九）
Hamilton Fish, FDR: The Other Side of the Coin: How We Were Tricked into World War II（New York, NY: Vantage Press, 1976）、邦訳、渡辺惣樹『ルーズベルトの開戦責任（FDR: The Other Side of the Coin: How We Were Tricked into World War II）』（草思社、二〇一七年）を参照下さい。

(30) https://www.amazon.com/White-Supremacy-Confronted-Imperialism-Anti-Communism/dp/0717807630

(31) 他にも、ジェラルド・ホーン著、加瀬英明監修、藤田裕行翻訳『人種戦争：レイス・ウォー——太平洋戦争もう1つの真実』(Race War!: Confronting White Supremacy and Japanese Attack on the British Empire, New York University Press, 2003)（祥伝社、二〇一五年）をご参照下さい。

著者略歴

ジェイソン・モーガン

1977年、アメリカ合衆国ルイジアナ州生まれ。テネシー大学チャタヌーガ校で歴史学を専攻後、名古屋外国語大学、名古屋大学大学院、中国昆明市の雲南大学に留学。その後、ハワイ大学大学院で、東アジア学、特に中国史を専門に研究。2014～2015年、フルブライト研究者として早稲田大学法務研究科で研究。2016年、ウィスコンシン大学で博士号を取得。一般社団法人日本戦略研究フォーラム上席研究員を経て、2020年4月より麗澤大学国際学部准教授。
著書に『アメリカはなぜ日本を見下すのか？』『リベラルに支配されたアメリカの末路』（ともにワニブックス）、『アメリカも中国も韓国も反省して日本を見習いなさい』『アメリカン・バカデミズム』（ともに育鵬社）、『バチカンの狂気』（ビジネス社）、『英語対訳で学ぶ日本』（共著、育鵬社）がある。

編集協力：福島朋子

日本が好きだから言わせてもらいます
グローバリストは日米の敵

令和5年4月10日　初版第1刷発行
令和6年8月8日　第3刷発行

著　者　ジェイソン・モーガン
発　行　公益財団法人モラロジー道徳教育財団
〒277-8654　千葉県柏市光ヶ丘2-1-1
電話04-7173-3155（出版部）
https://www.moralogy.jp/
発　売　学校法人　廣池学園事業部
〒277-8654　千葉県柏市光ヶ丘2-1-1
電話04-7173-3158
印　刷　株式会社 太平印刷社

ISBN978-4-89639-287-6